Angelika Hoefler

Namen – das ausgesprochene Geheimnis

Neue Systeme zur Entschlüsselung der spirituellen Bedeutung unseres Namens

Ein Arbeitsbuch, mit dem Sie Ihr Karma erkennen können

WINDPFERD
Verlagsgesellschaft mbH.

Die von der Autorin verantwortungsbewußt entwickelten karma-kabbalistischen Systeme haben einen fundierten empirischen Background. Dennoch sollte jeder Leser für seine Handlungen auch weiterhin selbst verantwortlich sein. Eine Haftung für etwaige Personen-, Sach- oder Vermögensschäden ist ausgeschlossen.

1. Auflage 1988
2. Auflage 1989
3. Auflage 1990

Umschlaggestaltung: Wolfgang Jünemann
Textgestaltung: Monika Jünemann
Gesamtherstellung: Schneelöwe, Aitrang
ISBN 3-89385-032-5

Printed in Germany

Inhaltsverzeichnis

Vor allem 7
Namentlich ein neues Buch 7

Vorwort 9
Das Geheimnis unserer Namens-Bestimmung 9

Einleitung 11
Wie ein Name unsere Sinne erreicht 11
Buchstaben verschlüsseln Eigenschaften 12
Buchstabenkombinationen als erster Charakterhinweis 13
Beispiel 15
Ihr persönliches Namens-Diagramm 16

Einführung in die Kabbalistik 19
Die Formel der Persönlichkeit 19
Wie der Personenfaktor eingesetzt wird 20
Welche Namen kabbalisiert werden 21
Wie man Dinge beim Namen nennen kann 22
Alphabetzahlen- und Daten-Schlüssel 24
Kurz-Definition 25

Teil 1
DIE KARMA-EINWEIHUNG 27
I Einführung in die Karma-Kabbalistik 29
Die Bestimmung des Menschen 29
Karma als offenes Geheimnis 30
Namensänderung ist Lebensänderung 31
Säen und Ernten 33
Kabbalistische Definitionen 34

	Der Q-Faktor —	
	Wodurch unser Leben beeinflußt wird	36
	Beispiele	38
	Kabbalistische Definitionen	39
II	**Mosaik des Karma**	41
1. Kapitel	Wurzel und Wollen —	
	Was uns die Kraft zum Leben gibt	41
	Beispiele	45
	Kabbalistische Definitionen	46
2. Kapitel	Lebensziel —	
	Welchen Sinn unser Leben hat	49
	Beispiele	51
	Kabbalistische Definitionen	53
3. Kapitel	Lebensweg —	
	Was uns zum Ziel führt	55
	Beispiele	57
	Kabbalistische Definitionen	59
4. Kapitel	Wesenskern —	
	Was uns wachsen läßt	61
	Beispiele	63
	Kabbalistische Definitionen	65
5. Kapitel	Denken und Handeln —	
	Wie wir des Lebens Lauf bestimmen	69
	Beispiele	72
	Kabbalistische Definitionen	73
6.Kapitel	Ruf —	
	Welche Eigenschaften man uns nachsagt	75
	Beispiele	79
	Ihr persönliches Ruf-Diagramm	82
	Kabbalistische Definitionen	83
7. Kapitel	Wünsche, Hoffnungen —	
	Welche Motive uns leiten	85
	Beispiele	88
	Ihr persönliches Wunsch-Diagramm	92
	Kabbalistische Definitionen	93

8. Kapitel	Lebenspflichten —	
	Was von uns erwartet wird	95
	Beispiele	98
	Kabbalistische Definitionen	100
9. Kapitel	Partnerschaft —	
	Wie wir mit anderen harmonieren	103
	Beispiele	108
	Ihr persönliches Partner-Diagramm	114
	Kabbalistische Definitionen	116
10. Kapitel	Beruf —	
	Welche Möglichkeiten sich uns bieten	119
	Beispiele	124
	Ihr persönliches Berufs-Diagramm	128
	Kabbalistische Definitionen	130
11. Kapitel	Kindheit, Jugend, Reife, Alter	
	und eine Formel für diese Zeit —	
	Wie wir uns entwickeln	133
	Beispiele	138
	Ihr persönliches Entwicklungs-Diagramm	141
	Kabbalistische Definitionen	142
12. Kapitel	Das KARMAGRAMM	
	Eine umfassende Lebensübersicht	145
	Fallstudie Rudolf Steiner	146
	Beispiele Elisabeth Kübler-Ross	161
	Jeanne d'Arc	164
	Joseph Murphy	167
	„Karma"	170
	„Kabbalistik"	173
	Ihr persönliches Karmagramm	180
	Derselbe Name — dasselbe Karma?	182

Teil 2

DIE DATENPROGNOSE 185

I Einführung in die Daten-Kabbalistik 187

Berechenbarkeit und Unberechenbarkeit der Zeit 187

Tendenzen erkennen und reagieren 189

II Fallstudie Sophie Scholl 195
Beispiele
Tages-Tendenzen —
Marilyn Monroe an ihrem Sterbetag 210
Untergang der „Titanic“ 213
Monats-Tendenzen —
A. F. Kerenskij und die Oktoberrevolution 216
Jahres-Tendenzen —
Louis Seize (Ludwig XVI.) 1792,
zu Beginn der Französischen Revolution 219
Ihr persönliches Tages-Diagramm 224
Ihr persönliches Monats-Diagramm 226
Ihr persönliches Jahres-Diagramm 228
Nachweis der Kabbalistischen Definitionen 230

Teil 3
ANHANG 233
Verzeichnis aller Koeffizienten 234
Zusammenfassung der Kabbalistischen Definitionen 235
Diagramme für Dritte 238
Anmerkungen 252
Alphabetzahlen- und Daten-Schlüssel auf Lesezeichen 253
Die Autorin 255

Vor allem

Namentlich ein neues Buch

Falls Sie sich jemals mit der Symbolik der Zahlen befaßt haben, sei es nun den Zweig Numerologie betreffend oder den Stamm Kabbalistik, werden Sie verwöhnt darin sein, immer wieder aufs neue die Sinnverknüpfungen seit der Zeit hieroglyphenbemalter Höhlenwände erklärt zu bekommen, und es mag Sie überzeugt und zugleich beruhigt haben, daß alle Autoren die Wahrheit sprachen, unisono. So werden Sie gegebenenfalls also wissen, daß ‚das Eine' der Zahl 1 entspricht und die Du-alität der Zahl 2, und daß man nie vergessen sollte, daß erst 3 aller guten Dinge sind. Richtig ist auch, daß die Materie durch das Kreuz versinnbildlicht und durch die Zahl 4 darstellbar ist und die freie Assoziation hier durchaus erwünscht ist: man denke an die 4 Jahreszeiten, die 4 Himmelsrichtungen, die 4 Komplementärfarben, die 4 Temperamente und an die 4 unheilschwangeren apokalyptischen Reiter aus der Johannes-Offenbarung. Hie und da werden Sie auch warnend auf die Zahl 13 hingewiesen worden sein, und spätestens hier haben Sie die Analogie zur 13. Karte aus den 22 Großen Arkana des Tarot verinnerlicht.
Jede Zahl hat ihre ‚Geschichte', und über jede könnte man ein Buch schreiben — eine Enzyklopädie der Zahlen! Unter anderen Gesichtspunkten wahrscheinlich eine reizvolle Aufgabe, ich aber dachte mir: wenn Ihnen zahlensymbolische Einzelheiten aus vergangener Lektüre und Zeit noch vertraut sind, werden diese ohnehin in Ihrem mentalen Memorandum auftauchen; wenn nicht — auch gut. Zum Verständnis der von mir entwickelten Karma-Kabbalistik werden Sie das alte ‚Zahlenmaterial' entbehren können.
Dieses Buch ist also tatsächlich „neu". Sein Inhalt beruht auf vielen Jahren Forschungsarbeit. Um es schreiben zu können, habe

ich Vieltausende von Stunden gerechnet und Vieltausende von Stunden gelesen — doch was ich geschrieben habe, las ich nirgends.
Wohl habe ich ein bißchen Historie nachbüffeln müssen, und auch ein paar Hintergrundinformationen waren nur durch kluge Lexika in meinem Kopf aufzufrischen; die Quellen sind aber angegeben. Und was Rudolf Steiner betrifft, dem Sie an prominenter Stelle dieses Buches noch begegnen werden — hier wird sicher selbst der belesenste Anthroposoph nicht immer auf das Nachschlagen verzichten können.
Eines aber habe auch ich übernommen: Überliefertes. Ich habe aufgebaut auf kabbalistischen Elementen, die seinerzeit die Hebräer und zu seiner Zeit Herbert Reichstein benutzt haben, denn aus vorhandenen Buchstaben und aus vorhandenen Zahlen und Grundrechenarten kann ich nichts Neues entwickeln. Auf alles, alles andere schon mal Dagewesene aber konnte ich sehr gut verzichten. Und es erging mir wie schon einmal bei einem anderen meiner Bücher: ich war sicher, einen Lehrer in der Geistigen Welt zu haben, der meine Arbeit begleitet; gerne würde ich die Quelle nennen, die ich nur ahne, aber nicht kenne.
Fangen wir an?

Vorwort

Das Geheimnis unserer Namens-Bestimmung

Der Engel aber sprach zu ihm: ‚Fürchte dich nicht, Zacharias, deine Frau Elisabeth wird dir gebären einen Sohn, den sollst du nennen Johannes'. (Lk 1, 13).

Der Engel aber sprach zu ihr: ‚Fürchte dich nicht, Maria, du wirst empfangen und einen Sohn gebären und seinen Namen Jesus nennen'. (Mt. 1, 21).

Den sollst du nennen Johannes.
Du wirst seinen Namen Jesus nennen.
Du sollst.
Du wirst.
Warum denn, „in Gottes Namen"?

Tiefe Symbolik öffnet sich unserem allmählichen Begreifen: Es muß eine Bewandtnis haben mit den Namen, daß deren Bestimmung nicht den Eltern überlassen, sondern inspiriert wird durch die Geistwelt — und das nicht etwa erst seit Jesu Zeiten, wie der Engel Gabriel ja durch die Namens-Bestimmung schon des Johannes lehrt.

Warum also sollte Zacharias seinen Sohn Johannes nennen? Der Name ist griechisch-hebräischen Ursprungs und bedeutet soviel wie „Der Herr ist gnädig".
Wenn man nun weiß, daß die Frau des Zacharias unfruchtbar und in vorgerücktem Alter war, als der Engel die frohe Botschaft überbrachte, versteht man. Aber eben weil man versteht, fragt man weiter, vielleicht so:
Theoretisch hätte der Engel doch auch sagen können „Hör zu, Zacharias: *ihr seid gerecht vor Gott und wandelt untadelig in*

allen Geboten und Satzungen des Herrn, und ihr hättet gerne ein Kind gehabt. Nun ist deine Frau Elisabeth zwar unfruchtbar und auch hochbetagt, doch ‚Der Herr ist gnädig' — sie wird einen Sohn gebären. Gib ihm einen schönen Namen!".
Warum hat Gabriel das nicht gesagt?
Weil es ein bestimmter Name sein mußte.
Denn Namen sind Bestimmung.
Namen offenbaren sogar Bestimmung — so man eingeweiht ist in dieses „ausgesprochene Geheimnis".

In der Wortkonkordanz zur Lutherübersetzung der Bibel[1] finden sich mehr als 160 Zitatverweise unter dem Suchwort ‚Name'. Einmal heißt es: „Er kennt meinen Namen, darum will ich ihn schützen". (Ps 91, 14).
Lernen wir Seinen Namen kennen.
Und den unseren. Und alle Namen.
Wenn wir den Namen eines Menschen wirklich kennen, offenbart sich uns dessen Bestimmung. Wir erkennen sein Lebensziel, seinen Lebensweg, seine Pflichten, Prüfungen, aber auch die Hilfen auf seinem Weg, seine Fähigkeiten, Möglichkeiten. Und je mehr sich unser Erkennen weitet, desto größer wird unser Verstehen. Und je mehr wir einen Menschen verstehen, desto mehr können wir ihn lieben — genauso wie uns selbst.
Deshalb habe ich dieses Buch geschrieben.

Angelika Hoefler

Einleitung

Wie ein Name unsere Sinne erreicht

Mit jedem Namen machen wir zwei ganz unterschiedliche, wenngleich auch miteinander korrespondierende, Erfahrungen: eine akustisch-sensuelle, also lautmagische, und eine spirituelle Erfahrung. Erstere machen wir ständig, mit schönster Unbewußtheit und denkbar größtem Nichtwissen über die ‚namentlich' bei uns ausgelöste Emotion. Denn Namen wirken genauso auf das zentrale Nervensystem wie Musik, und je nach „Klang" und unserem subjektiven Harmonieverständnis reagieren wir darauf positiv — oder auch nicht.
Und das kommt so:
‚Die unseren Stimmapparat durchströmende Luft wird beim Ausatmen durch die schwingungsfähigen Gebilde, insbesondere die Stimmbänder im Kehlkopf und die Resonanzhöhlen, welche die Stimmritze umschließen, zu Schall-Schwingungen angeregt. Wenn wir Vokale aussprechen, so sind die Stimmbänder die eigentliche Schallquelle; an der Bildung der stimmlosen Konsonanten sind sie jedoch nicht beteiligt'.[2)]
So hat und so ist also jeder Name eine spezifische Schwingung, die je nach Dauer, Intensität und Frequenz harmonisch oder disharmonisch auf uns wirkt.
Und dies läßt sich nicht mit dem physikalischen Mechanismus verbrämen oder entschuldigen, dies zeigt an, daß eine psychologische Saite von uns gezupft wurde.

Empfinden Sie bewußt einmal folgende Namensklänge:

ISIS
OSIRIS
SALOMO

Lauschen Sie bewußt einmal folgenden Lauten:

YIN
YANG
MANTRAM
OM

Sie können immer die Kraft eines Wortes spüren, den Geist, der in ihm lebendig wird. Und so, wie Ihre individuelle, nur von Ihnen selbst zu erspürende Emotion hierauf beschaffen ist, so reagieren Sie: auf Worte, auf Namen, auf Menschen.

Buchstaben verschlüsseln Eigenschaften

Sprechen wir nun von der zweiten, der spirituellen Erfahrung, die wir mit einem Namen machen können:

Einer vieltausend Jahre alten Überlieferung verdanken wir den Schlüssel zur Geheimkammer des Menschen, zu seinem Geist, seiner Seele — seinem Karma.
Jeder Buchstabe des Namens repräsentiert ganz bestimmte Eigenschaften, ist sozusagen also Kurzform und Chiffre für individual-psychologische Erkenntnisse.
So entspricht, um dies zunächst lediglich an Vokalen darzustellen, der Buchstabe

A = Wille / Energie / Initiative
E = Religio(n) /Sensibilität / Heil(ung)
I = Veränderung / Aufbruch / Unabhängigkeit
O = Lernprozeß / Einweihung
U = Prüfung /Forschung

Es ist interessant und mag in gewisser Weise tröstlich sein, daß in unserem westlichen Kulturkreis das „e“ der meistgebrauchte Buchstabe überhaupt ist.

Wenn nun in einem Namen ein Vokal oder Konsonant mehrfach in Erscheinung tritt, so ist dieser Mensch quasi proportional Träger der in diesem Buchstaben verschlüsselten Eigenschaften. Immer wieder lassen sich folgende Beobachtungen machen:

1 x = normale Repräsentanz der entsprechenden Eigenschaft
2 x = verstärkte Wirkung der Eigenschaft
3 x = optimales Wirkpotential
4 x = übertriebene, ggf. negativ oder konträr sich auswirkende Eigenschaft

Wenn wir Kenntnis von den Eigenschaften haben, die in einem Menschen durch dessen Namen wirken, entwickeln wir ein neues Verständnis für den Betreffenden; mit einem Mal wissen wir, was es ist, das uns verbindet mit dem anderen oder uns getrennt hat bis dahin.

Je sympathischer ein Name Ihnen ist, desto besser werden Sie sich mit dem Namensträger verstehen können. Wenn Sie mit Aspekten seiner Persönlichkeit nicht völlig konform gehen, werden Sie einen charmanten Weg gehen, diesen Namen zu boykottieren — so entstehen Abkürzungen, Nicknames und „Kosenamen".

Buchstabenkombinationen als erster Charakterhinweis

Da schon das Zusammen-Wirken von nur zwei Persönlichkeitsattributen so sicher zu einer dritten Komponente führen muß, wie 1 + 1 = 2 ergibt, erfand man die ‚Buchstaben-Addition' . . . und damit völlig arglos den ersten Computer:
Die im Buchstaben repräsentierten Charakteristika wurden in Zahlen adaptiert, so daß Kombinieren und Addieren eine weitere Zahl und somit ein weiteres psychologisches Moment offenbarte.

Untersuchen wir die Effizienz nur einmal am Beispiel der Vokale:
A = 1 = Wille / Energie / Initiative
E = 5 = Religio(n) / Sensibilität / Heil(ung)
I = 10 = Veränderung / Aufbruch / Unabhängigkeit
O = 16 = Lernprozeß / Einweihung
U = 6 = Prüfung / Forschung

Wenn ein Mensch 2x den Buchstaben E (5) in seinem Namen führt, so deutet dies auf eine verstärkte Religio = Rückbindung, auf einen möglicherweise wirklich religiösen, in jedem Fall aber sensiblen Charakter, der vielleicht auch einmal eine gewisse Heilungsbegabung hervorbringt. In der Addition (2 x 5 = 10 = 1) erfahren wir die Konsequenz hieraus: dieser Mensch wird Veränderungen schaffen und unbeeinflußbar seinen Weg gehen. Um diese Aussage nun zu quantifizieren, wird man natürlich auch die anderen Namensbuchstaben interpretieren müssen. Doch zeigt dieses kleine Beispiel, wie sehr der Mensch Information ist.
Noch ein Beispiel — für jetzt schon Fortgeschrittene:

Wenn A mit E kombiniert werden kann, ist U möglich. Heißt: Wo Wille, Energie und Initiative (A = 1) sich paaren mit Sensibilität (E = 5), sind gute Voraussetzungen für die Forschung gegeben (U = 6).

Wenn Sie den *Alphabetzahlen-Schlüssel* und die *Kurz-Definition* Seite 24/25 zu Hilfe nehmen, können Sie sofort schon ein „Namens-Diagramm" für sich erstellen und erste persönliche Erfahrungen mit der Zahlenkabbalistik machen.

Beispiel: Das Namens-Diagramm von ALBERT SCHWEITZER

Namens-Diagramm		1x	2x	3x	4x	Einzelwert	Gesamtwert	vgl. Zahl
A, Ä	1	X				1	1	1
B	2	X				2	2	2
G	3							
D	4							
E	5	X	X	X		5	15	15
U, Ü, V, W	6	X				6	6	6
Z	7							
H, CH	8							
T	9	X				9	9	9
I, J, Y	10	X				10	10	10
C, K	11							
L	12	X				12	12	12
M	13							
N	14							
X	15							
O, Ö	16							
F, P, PH	17							
SCH, SH, TS, TZ	18	X	X			18	36	9
Q	19							
R	20	X	X			20	40	4
S	21							
TH	22							
		Gesamtsumme				=	131 = Q	5

1 x = normale Repräsentanz
2 x = verstärkte Wirkung
3 x = optimale Wirkung
4 x = übertrieben, ggf. negativ oder konträr sich auswirkend

Ergebnis siehe Kurz-Definition S. 25.

MARIANNE HAJDU
PROCHASKA

Ihr persönliches Namens-Diagramm

Namens-Diagramm		1x	2x	3x	4x	Einzel-wert	Gesamt-wert	vgl. Zahl
A, Ä	1	X	X	X		4 1	4 3	4 3
B	2							
G	3							
D	4	X				4	4	4
E	5	X				5	5 5	5
U, Ü, V, W	6	X				6	6	6
Z	7							
H, CH	8	X				8	8 8	8
T	9							
I, J, Y	10	X	X			10	10 20	20
C, K	11	X				11	11	
L	12							
M	13	X				13 13	13 13	13
N	14	X	X			14 14	14 28	10
X	15							
O, Ö	16					16	16	
F, P, PH	17	X				17	17	
SCH, SH, TS, TZ	18							
Q	19							
R	20	X	X			20	40 20	4 20
S	21	X				21	21	
TH	22							
		Gesamtsumme					= 107 = Q	8

159 = Q 11
15
144 : 9 = 16
54
(17)

1 x = normale Repräsentanz
2 x = verstärkte Wirkung
3 x = optimale Wirkung
4 x = übertrieben, ggf. negativ oder konträr sich auswirkend

Ergebnis siehe Kurz-Definition S. 25.

*) Notieren Sie für jeden zu Ihrem Namen gehörenden Buchstaben in der betreffenden Rubrik ein Kreuz (x), bei Buchstabenwiederholung je ein weiteres Kreuz. Hierfür sind 4 Spalten eingerichtet, öfter in Erscheinung tretende Buchstaben sind für die kabbalistische Auswertung zu addieren. Beachten Sie beim Eintrag bitte die alphanumerischen Doppelbuchstaben ch/ph/sch/sh/th/ts/tz; ß wird 2 x als s notiert.
Lesen Sie dann in der (5.) Spalte den kabbalistischen Einzelwert nach, multiplizieren Sie diese Zahl mit der Anzahl der hierzu im Namen vorhandenen Buchstaben, und tragen Sie das Ergebnis in Spalte 6 ein (Ergebnisse über 22 werden auf ihre Quersumme reduziert).
Sie werden später erfahren, welche Bewandtnis es mit der Gesamtsumme = Ihrer persönlichen „Ganzheitszahl“ und der sich hieraus ergebenden Quersumme = dem zu subtrahierenden „Q-Faktor“ auf sich hat.
Vorab nur soviel: Die Ganzheitszahl ist sozusagen die Ausgangsbasis für spätere karmische und datenprognostische Analysen, während der Q-Faktor Einfluß- und Auslöse-Faktor für eine Vielzahl Ihrer persönlichen Erfahrungen sein wird.

Einführung in die Kabbalistik

Die Formel der Persönlichkeit

Genauso, wie in jedem Menschen ein bestimmter Geist inkarniert ist, wohnt auch jedem Buchstaben seines Namens eine Energie inne, die erspürt, erkannt und verstanden sein will. Umso mehr, als sich die Summe der Buchstaben zu einer Kraft formiert, die alle Lebenserfahrungen mitgestalten wird.
Den wahren Wert der Buchstaben und damit unseres Namens, unseres Hier-Seins erfahren wir durch „Überlieferung", durch einen Zweig der jüdischen „Kabbala", die Kabbalistik, jene mehrjahrtausendealte Philosophie von der Bedeutung der Namen, die verschlüsselt ist in der Parallelwelt der Zahlen, im Jenseits des profanen Wissens.

Das mathematische Durchdringen der verschiedenen Namens-Attribute nennt man *kabbalisieren.*

Welche Buchstaben nun welchen Zahlen entsprechen, darüber gibt es so viele Ansichten wie es Systeme gibt. Ich selbst halte mich an die 22 antiken heiligen Zahlen: 22 Bücher umfaßt das Alte Testament, 22 Kapitel vermitteln die Offenbarung des Johannes; 22 Buchstaben zählt das hebräische Alphabet, das zurückgeht auf das ebenfalls 22 Buchstaben beinhaltende solare, also sonnenhaft orientierte Alphabet.
Die Umrechnung der Buchstaben in Zahlen und damit in kosmische Informationen erfolgt nach einem Grundrechensystem, das durch Bischoff, Reichstein und andere Kabbalistiker hinreichend bekannt ist in esoterischen Kreisen.
Die Formel, die zu dieser Typologie führt, ist also alt und weise. Schon Herbert Reichstein hat sie in seinem vor etwa 70 Jahren erschienenen ‚Praktischen Lehrbuch der Kabbalistik'[3] benutzt,

und auch die von mir inspirativ entwickelten neuen Systeme der Kabbalistik können nur auf dieser Grundrechenart aufbauen — wenngleich alle anderen Rechenschritte und Interpretationswege nichts mit seiner Arbeit zu tun haben.

Die Formel ist einfach:

Zuerst werden die Alphabetzahlen addiert.
Ergibt sich ein höherer Zahlwert als 22, so subtrahiert man dessen Quersumme und dividiert den Rest durch die Zahl 9.
Ist auch dieses Ergebnis noch höher als 22, so gilt dessen Quersumme.
Bei Personen wird — und zwar für jede an der kabbalistischen Operation beteiligte Person — eine 1 als sogenannter Personenfaktor hinzugerechnet, bei 2 Personen also eine 2, bei 3 Personen eine 3 usw.

Beispiel:

Die Addition ergibt den Zahlwert 158, und so subtrahiere ich die Quersumme (1 + 5 + 8 = 14) 14 und erhalte den Zwischenwert 144. Diese Zahl wird nun dividiert durch 9, und ich erhalte 16. Hinzugezählt eine 1 (Personenfaktor) ergibt = 17
Oder:
Die Addition ergibt den Zahlwert 200, und so subtrahiere ich die Quersumme (2 + 0 + 0 = 2) 2 und erhalte den Zwischenwert 198. Diese Zahl wird nun dividiert durch 9, und ich erhalte 22. Hinzugezählt eine 1 (Personenfaktor) ergibt = 23. Die Quersumme von 23 (2 + 3) ergibt = 5

Wie der Personenfaktor eingesetzt wird

Für jede in eine kabbalistische Analyse einbezogene Person wird ein Personenfaktor „1" gerechnet.

- Bei Einzelpersonen zählt man zum kabbalistischen End-Ergebnis (Addition der Alphabetzahlen ./. Quersumme : 9) eine 1 als Personenfaktor hinzu.

- Bei 2 Partnern wird der Personenfaktor 2 hinzugezählt, bei 3 Partnern der Faktor 3 usw.
- Werden Wesenheiten („Mutter", „Vater", „Heilpraktiker"; „Gott"; Gottesnamen, Verstorbene) kabbalisiert
oder Dinge („Buch", „Zeitung", „Schlüssel")
oder Begriffe („Karma", „Name", „Zahl")
oder Buchtitel, Sprichwörter, Zitate,
so entfällt der Personenfaktor.
- Werden nun Wesenheiten, Dinge, Begriffe, Buchtitel, Zitate usw. in Verbindung gebracht mit einer Person oder mehreren, so ist der Personenfaktor entsprechend der Anzahl der beteiligten Personen hinzuzuzählen.

Welche Namen kabbalisiert werden

Einzelpersonen:
Es wird grundsätzlich der normalerweise in der Öffentlichkeit geführte Name kabbalisiert:

- Vorname und Familienname,
bei mehreren Vornamen der Rufname lt. Taufschein (ersatzweise Geburtsurkunde)
- Künstlernamen und Pseudonyme werden nur kabbalisiert, wenn sie normalerweise und nicht ausnahmsweise geführt werden, andernfalls gelten sie nur für Analysebereiche, in denen sie von Bedeutung sind.
- Politische und kirchliche Namen werden nur dann kabbalisiert, wenn sie die Stelle des Geburtsnamens eingenommen haben, also in der Öffentlichkeit normalerweise geführt werden.
- Adelsprädikate (von, de, Graf, Freiherr) zählen kabbalistisch zum Namen.

- Unberücksichtigt bleiben akademische Grade (Prof., Dr.)
- Historische Persönlichkeiten werden mit ihrem vollständigen Geschichtsnamen in ihrer Landessprache kabbalisiert; die bei Herrschern üblichen römischen Namensfolge-Ziffern werden so kabbalisiert, wie sie gesprochen werden.

Partner:
Sowohl für die Analyse einer bindenden privaten wie beruflichen Partnerschaft werden alle geführten Namen (ggf. Firmenbezeichnungen) kabbalisiert:

- Sämtliche Vornamen beider Partner
- Familiennamen beider Partner.
  Bei Namensänderung durch Heirat auch künftiger Name der Frau oder des Mannes.
  Bei Firmenfusionen vollständige Firmenbezeichnung(en) bzw. vollständiger künftiger Firmenname (GmbH & Co. KG, AG)
- Pseudonyme, Künstlernamen etc. nur bei Berufspartnerschaften (Schauspieler, Sänger)

Für die Analyse einer ungebundenen privaten oder beruflichen Partnerschaft genügt es, die normalerweise in der Öffentlichkeit geführten Namen zu kabbalisieren:

- Ruf- und Familiennamen beider Partner
- Bei nur sporadischen Kontakten zwischen Geschäftspartnern (Kunden- / Lieferanten-Verhältnis etc.) Ruf- und Familienname des Lieferanten, wenn privat, sonst beider Firmen Kurzbezeichnungen (ohne GmbH & Co. KG)

Wie man die Dinge beim Namen nennen kann

Da jeder Buchstabe eine Eigenschaft beinhaltet, die einen bestimmten ‚Namen' hat, ist kabbalistisch gesehen von A — Z alles Name, was wir aussprechen können.
Die Kabbalistik ermöglicht es uns also nicht nur, das Wesen eines Menschen, sondern auch, das Wesen der Dinge zu begreifen.

Wenn wir nun einen *Begriff* kabbalisieren, so gibt bei dessen zweistelliger Interpretationszahl über seine Bestimmung auch die einstellige Quersumme und umgekehrt bei einstelliger Interpretationszahl deren zweistellige Summenentsprechung ggf. näheren Aufschluß über den Begriffs-Charakter, seine „wahre" Bestimmung.

Die Sinngebung durch Umkehrung der Verhältnisse.

Beispiele:

KRIEG
ist kabbalistisch 4 / Handlung; umgewandelt in 13 / Transformation bedeutet es Tod.

GEBURT
ist kabbalistisch 4 / Handlung; umgewandelt in 13 / Transformation, Neuorientierung bedeutet es hier jedoch nicht Tod, sondern Leben.

GLAUBE
ist kabbalistisch 2 / Wissen; umgewandelt in 11 / Spiritualität zeigt sich, welche Bestimmung dieses ‚Wissen' hat.

WAHRHEIT
ist kabbalistisch 6 / Prüfung; umgewandelt zeigen sich in der 15 / Wirkung, Kompetenz, Macht.

IRRTUM
ist kabbalistisch 7 / Sieg, *muß* also sogar umgewandelt werden in die sinngebende Aussage 16 / Lernprozeß.

Wenn wir einmal Menschen und Wesenheiten und Dinge und Begriffe und vielleicht auch überlieferte Weisheiten kabbalisiert und miteinander in Bezug gebracht haben, beginnen wir, Zusammenhänge zu erkennen, und immer klarer wird uns, daß in allem eine weise Ordnung lebt, die nicht der Mensch hat ersinnen können.
Beim Menschen aber wollen wir nun beginnen.

Alphabetzahlen- und Daten-Schlüssel

Alphabetzahlen-Schlüssel)*[4]

A, Ä	1	A, Ä	1
B	2	B	2
G	3	C	11
D	4	D	4
E	5	E	5
U, Ü, V, W	6	F	17
Z	7	G	3
H, CH	8	H, CH	8
T	9	I, J	10
I, J, Y	10	K	11
C, K	11	L	12
L	12	M	13
M	13	N	14
N	14	O, Ö	16
X	15	P, PH	17
O, Ö	16	Q	19
F, P, PH	17	R	20
SCH, SH, TS, TZ	18	S	21
Q	19	SCH, SH	18
R	20	T	9
S	21	TH	22
TH	22	TS, TZ	18
		U, Ü, V, W	6
		X	15
		Y	10
		Z	7

Daten-Schlüssel

Datum	1.	2.	3.	4.	5.	6.	7.	8.	9.
	10.	11.	12.	13.	14.	15.	16.	17.	18.
	19.	20.	21.	22.	23.	24.	25.	26.	27.
	28.	29.	30.	31.					
ist	1	2	3	4	5	6	7	8	9

*) Am Buchschluß finden Sie den Alphabetzahlen- und Daten-Schlüssel als ‚Lesezeichen zum Ausschneiden'.

Kurz-Definition*

A, Ä	1 =	Wille, Energie
B	2 =	Wissen, Studien
C	11 =	Spiritualität, Intuition
D	4 =	Handlung, Arbeit, Tat
E	5 =	Religio(n), Hilfe, Heilung
F	17 =	Wahrheit, Idealismus, Beistand
G	3 =	Gemeinschaft, Kommunikation
H, CH	8 =	Recht, Ordnung, Gesundheit
I, J	10 =	Veränderung, Reform
K	11 =	Spiritualität, Intuition
L	12 =	Karmische Aufgabe, Opfer, Verzicht
M	13 =	Höheres Wissen, Abschied, Neubeginn
N	14 =	Disziplin, Pioniergeist, Vorbild
O, Ö	16 =	Probleme, Lernprozeß, Einweihung
P, PH	17 =	Wahrheit, Idealismus, Beistand
Q	19 =	Harmonie, Glück, Humor, Positives
R	20 =	Wiedergeburt, Wiederbegegnung
S	21 =	Chancen, Erfolg, Fortschritt
SCH, SH	18 =	Unrecht, Krankheit, Gefahr
T	9 =	Philosophie, Weisheit, Fügung
TH	22 =	Astralwirken, ASW, Phantasie
TS, TZ	18 =	Unrecht, Krankheit, Gefahr
U, Ü, V, W	6 =	Prüfung, Kritik, Forschung
X	15 =	Einfluß, Wirkung, Kompetenz
Y	10 =	Veränderung, Reform
Z	7 =	Überwindung, Selbstüberwindung, Sieg

*) Teilweise überlieferte, überwiegend jedoch von der Autorin überarbeitete und umfangreich ergänzte Typologie.[5)6)]

Teil 1
DIE KARMA-EINWEIHUNG

I Einführung in die Karma-Kabbalistik

Die Bestimmung des Menschen

„Den sollst du nennen Johannes.“
„Du wirst seinen Namen Jesus nennen.“
Jetzt können Sie sich ausrechnen, warum.

Kabbalistisch ergibt der Name Johannes den Schlüsselwert 89.
Minus 17 (Quersumme) = 72
Dividiert durch 9 = 8 + 1 (Personenfaktor) = 9 / Weisheit, göttliche Fügung.
Kabbalistisch ergibt der Name Jesus den Schlüsselwert 63.
63 — 9 : 9 + 1 = 7 / Sieg über sich und andere.

Der Name enthält und nennt die Bestimmung eines Menschen, und zwar in der kabbalistischen „Zielzahl“.
Aber welcher Weg führt zu diesem Ziel, zur end-gültigen Bestimmung? Und was erwartet den Menschen auf diesem Weg, was prüft ihn, und was steht ihm zur Seite?

Was sagt jene Quersumme aus, die offenbar von der Bestimmung hinweggenommen, weil subtrahiert wird? Gibt es einen „Stellen-Wert“ der einzelnen Buchstaben untereinander, so etwas wie eine Hierarchie? Haben Konsonanten eine andere Bedeutung als Vokale? Kann man die Rechenaufgabe Mensch auch anders lösen als buchstäblich durch Gesamtaddition seiner Eigenschaften?

Ich bin diesen Fragen auf den Grund gegangen; ich glaube, als Erster, und ein Gefühl sagt mir: mit Hilfe und unter Führung der Geistwelt. Denn was ich fand, ist einem Menschen allein zu finden nicht möglich.
Die *Karma-Einweihung* ist *meine* Initiation, *ich* habe sie erfah-

ren. Mit diesem Buch gebe ich sie weiter. Möge sie Ihnen und allen Menschen, die Ihren Lebensweg kreuzen, im karmisch-spirituellen Sinne von Nutzen sein.

Karma als offenes Geheimnis

Der Name sagt, woraus der Mensch seine Kraft bezieht und wie diese Kraft beschaffen ist, welche Haupteigenschaft ein Mensch aus vergangenen Leben mitgebracht hat in diese Inkarnation, welches Ziel, welche Aufgabe er hat, welchen Weg er zu seinem Ziel gehen kann und was ihn an Pflichten, aber auch an Hilfen erwartet auf diesem Weg.
Der Name offenbart, welcher Geist sich im Menschen inkarniert hat, wie der Mensch denkt, wie er handelt, in welcher Eigenschaft sich seine Seele spiegelt, welche Erfahrungen gemacht werden müssen.
Der Name macht transparent, welchen Ruf ein Mensch hat, was andere von ihm erwarten, welche Hoffnungen und Sehnsüchte er hat, wie Partnerschaften sich entwickeln, ob das Berufsleben erfolgreich und die materielle Seite des Lebens zufriedenstellend ist.
Der Name offenbart unser Karma.

Karma ist ein Sanskritwort und bedeutet „Wirken", „Tun".
Zuerst meint man, das sei ein- und dasselbe, doch da verpaßt man etwas:

> „Wirken" ist immer Auswirkung des Willens.
> Wille *ist* Wirken; Gedanken *sind* Kräfte.
> Wirken ist also die Ursache für „Tun", nicht das Tun selbst.
> Und erst „Tun" ist die Ursache für Wirk-ung.
> So beinhaltet dieses Wort exakt das, was man glaubt, das Karma sei: Das Gesetz von Ursache und Wirkung.

Karma ist auch aus kabbalistischer Sicht sehr aufschlußreich, und ich will es einmal so interpretieren, wie Sie auf den weiteren Seiten lernen werden, dies selbst zu tun:

Die Bestimmung, das *Ziel* des Karma ist Tun (!).
Sein *Weg* ist Hingabe und ist karmische Aufgabe in sich.
Seine Aufgabe, seine *Pflicht* liegt in der Spiritualität.
Hilfe bekommt es durch das Überwinden seiner selbst, woraus überdies auch seine *Wurzel* gespeist — und damit seine Kraft, seine Finalität aber auch erkennbar wird.
Sein Wesen, sein *Kern* liegt in der Wiederbegegnung, in der Wiedergeburt.
Sein *Sinnen und Trachten* ist die Transformation, seine Handlungsweise ist der Wille, das Wirken . . .
Sein *Naturell* ist die Disziplin, doch hat es auch Pionier-Geist.
Es steht im *Ruf,* Wissen zu haben.
Seine *Hoffnungen und Wünsche* münden in die Erfüllung der kosmischen Ordnung.
Und seine *Daseinsformel* lautet Weisheit und göttliche Fügung.

Kabbalistisch entspricht „Karma“ dem deutschen Fragewort „Warum?“. Karma ist und gibt Antwort, mit jedem Wort, mit jedem Namen.

Namensänderung ist Lebensänderung

Es ist Brauch, beim Eintritt in einen religiösen Orden den sogenannten weltlichen Namen abzulegen und fortan einen kirchlichen Namen zu führen. Dies liegt an der Bewertung der Profeß, dem ewigen Gelübde als einer zweiten Taufe und macht deutlich, daß mit dem neuen Namen auch eine neue Identität verbunden wird; man übernimmt neue Aufgaben, hat neue Ziele, geht einen neuen Weg.
So ist z. B. auch der Inthronisationsname eines Herrschers und die Wahl eines Papstnamens als politisches oder religiöses Programm interpretierbar.

Und auch die Frau, die bei der Heirat den Namen des Mannes annimmt, nimmt damit neue Lebensbedingungen an.

Wie ist in diesem Zusammenhang nun die Bestimmung eines Menschen — noch — zu verstehen?

Namensänderung ist eine Willensäußerung des Menschen. Jeder Mensch ist in seiner Entscheidung frei. Sein freier Wille ist sogar unabdingbare Voraussetzung für seine materielle wie auch spirituelle Entwicklung, andernfalls würde er in seiner Individualevolution auf der Stelle treten.
Durch den Geburtsnamen hat der Mensch alle Voraussetzungen, den von ihm gewollten Lebensweg zu beschreiten, erforderlichenfalls wird er also die äußeren Bedingungen — seinen Namen — ändern; der Geburtsname diente dann quasi der Vorbereitung.
Allerdings ist niemand gezwungen, Geistlicher zu werden, nur weil er einmal Theologie studiert hat — er könnte indes, wenn er nur wollte.
Anders nun die Frau, die mehrere Male heiratet; sie handelt wahrscheinlich nicht völlig kosmokonform, nichtsdestoweniger handelt sie aus freier Entscheidung, und jeder neue Ehename wird neue Voraussetzungen für sie schaffen.
Wir sehen: die Bestimmung eines Menschen läßt sich in jedem Fall ventilieren, die Entscheidungen bleiben, bis zu einem gewissen Grad, „unberechenbar". So ein Mensch nach der kosmischen Ordnung lebt, wird er fortschrittsorientiert und damit gemäß seiner Bestimmung entscheiden und handeln und in Harmonie mit dem sein, was ihm bestimmt ist.

Wenn wir den Geburtsnamen eines Menschen analysieren, kennen wir seine Determination; studieren wir dann seinen späteren Namen, so können wir sehen, ob er seinen Möglichkeiten linear gefolgt und somit willens und noch fähig ist, seine Bestimmung zu erfüllen oder ob sein Leben konträr dieser Bestimmung verläuft.

Säen und Ernten

Leben ist Säen und Ernten, Ursache und Wirkung und Wirkung und Ursache und Ernten und Säen und ein ewiger Kreislauf — der Lauf des Karma.
Solange wir Menschen sind, bleiben wir eingebunden in Polarität, in Zyklik, in Gegensatz und Rhythmus; in Säen und Ernten zu bestimmten Zeiten:
„Solange die Erde steht, soll nicht aufhören Saat und Ernte, Frost und Hitze, Sommer und Winter, Tag und Nacht". (1. Mos. 8, 22)

In den 22 Kabbalistischen Definitionen finden wir 11 des Säens und 11 des Erntens.
Die Definitionen 1—11 sagen uns, wann wir säen, die Definitionen 12—22, wann wir ernten.
Eine Pflicht, eine Aufgabe kann Saat sein oder Ernte; eine Berufung kann Ernte sein oder der Saat dienen; ein ganzer Lebensabschnitt mag sogar dem einen oder dem anderen zuzuordenen sein. Auch mag es sein, daß einer von zwei (in späteren Kapiteln) zu interpretierenden Aspekten dem Säen und der andere dem Ernten untersteht und wir zum Beispiel eine Pflicht oder einen Beruf oder einen Lebensabschnitt unter beiden Kriterien gleichzeitig sehen müssen. Immer jedenfalls wird die Gliederung uns helfen, besser zu verstehen, was unser Leben ausmacht. Und dieses Verstehen macht uns versöhnlich, nachsichtig, natürlicher, menschlicher.

Kabbalistische Definition: Säen und Ernten

Säen

1 Unser Wille legt die Saat für Wirkungen in unserem wie auch im Leben anderer Menschen; Gedanken sind Kräfte.

2 Wir haben Wissen/Können weiterzugeben.

3 In der Gemeinschaft säen wir Ignoranz oder Verständnis, Zwietracht oder Liebe.

4 Durch eine Handlung, vielleicht ganz spontan, können wir einem Menschen zur Ernte verhelfen; handeln wir stets so, daß wir niemandem schaden.

5 Durch ein tiefes, wissendes Empfinden können wir anderen Hilfe und Kraft auf dem Weg sein.

6 Wir prüfen, wir forschen, wir säen durch unsere Erkenntnisse.

7 Der Sieg über uns selber oder über andere macht uns zum Vorbild.

8 Unsere Aufgabe liegt darin, anderen durch unseren Einsatz für Recht, Gesetz oder Gesundheit zu vermitteln, was richtig und was gerecht ist.

9 Wir können andere teilhaben lassen an unserer Philosophie, und durch Herzensbildung vermögen wir ihnen zu helfen, Leid und Sorgen zu bewältigen.

10 Wir verändern, reformieren, schaffen Neues.

11 Durch unsere eigene Spiritualität bahnen wir anderen einen Weg.

Ernten

12 Wir haben eine karmische Aufgabe zu erfüllen, die Hingabe und möglicherweise auch Opfer von uns verlangt.

13 Wir erleben Abschiede und Wandlungen, doch wir vermögen es auch, den Phönix der Asche entsteigen zu lassen.

14 Disziplin ist uns zu eigen, und wir werden sie einsetzen können bei einer Pionierarbeit, bei der „14 Englein mit uns gehn“.

15 Unsere Ausstrahlung hilft uns, Kompetenz und Macht und damit Ziele zu erreichen.

16 Die Früchte hängen hoch, und wir ernten mit Mühen: aber wir ernten. Wir überwinden, lernen und erhalten unsere Einweihung.

17 Wir spüren die Sonne in unserem Leben, erfahren Hoffnung als Energie, Energie als Wahrheit und Wahrheit als unseren Beschützer.

18 Wir werden mit Unrecht, Egoismus, Falschheit und Gefahr konfrontiert, um uns selbst oder um andere hieraus zu befreien.

19 Mit der Harmonie in unserem Leben ernten wir, was wir gesät haben.

20 Karmische Wiederbegegnungen, die somit uns oder den anderen Chance zum Ausgleich geben.

21 Erfolg, den wir „verdient“ haben — und der sich durch Teilen vermehren wird; wie eine Zelle.

22 Hilfe aus der Astralwelt, direkt oder indirekt, in unseren Träumen.

Der Q-Faktor — Wodurch unser Leben beeinflußt wird

Wenn die Figur sichtbar wird, die der Bildhauer aus dem Stein herausgemeißelt hat, sieht man nichts mehr von der Ganzheit, die seine Idee umschlossen hielt; die Ganzheit aber beeinflußte das Ergebnis — indem sie sich um eine exakt definierte Größe reduzieren ließ.
Wenn wir einen Namen oder Begriff, ein Ding oder eine Wesenheit kabbalisieren, so haben wir es zunächst mit der Zahl der Ganzheit zu tun, die sich ja aus der Addition der einzelnen Buchstabenzahlen ergibt. Um nun die Bestimmung eines Menschen oder einer Sache oder Wesenheit herauszumeißeln, müssen wir die ‚Ganzheit' bearbeiten — indem wir sie um eine exakt definierte Größe reduzieren.

Rekapitulieren wir: jede Zahl abzüglich ihrer Quersumme ist durch 9 — die Zahl der Weisheit — teilbar. Die ‚Ganzheit' ist der Stein, die Quersumme jene exakt definierte Größe, die wir abtragen müssen, damit wir ein Ergebnis aus-arbeiten, herausmeißeln, können. Der ‚Faktor Q' nennt uns also immer den Einfluß der Ganzheit auf die innere Größe und damit die Bestimmung; der Q-Faktor offenbart uns das ‚Wodurch'. Deshalb sollten wir uns die Quersumme merken, bevor wir sie subtrahieren. Sie sagt uns nämlich, wodurch wir unser Lebensziel realisieren können, wodurch ein Problem entstehen und wodurch es gelöst werden kann — aus welcher übergeordneten Größe heraus alles Sein werden kann.

Kabbalisieren des Q-Faktors

Allgemeines:
Wodurch ein Ergebnis beeinflußt oder ausgelöst wird, erfahren wir durch Interpretation der Quersumme der Ganzheitszahl, also dem Additionswert der einzelnen Buchstabenzahlen.

System:
Die Quersumme einer Zahl ermitteln wir, indem wir die Einzelwerte der Zahlen addieren.

Beispiel: 155 = 1 + 5 + 5 = 11
190 = 1 + 9 + 0 = 10

Ein Mensch mit der Ganzheitszahl 155 wird also durch 11/Spiritualität etwas Bestimmtes realisieren können; jemand mit der Ganzheitszahl 190 erreicht ein Ziel durch 10/Veränderung, Wechsel.

Immer, wenn wir etwas kabbalisieren, sagt uns der Q-Faktor, wodurch das dann erhaltene Ergebnis beeinflußt oder ausgelöst wird.

Besonderes:
Interpretiert werden die Zahlen 1-22; bei darüberliegenden Werten wird wiederum deren Quersumme ermittelt.

Beispiel: 599 = 5 + 9 + 9 = 23
23 = 2 + 3 = 5

Der Q-Faktor der Ganzheitszahl 599 ist also 5.

Beispiele: Q-Faktor

KABBALISTIK	= 90	= 9 + 0	= Quersumme 9 Philosophie
... JOHANNES	= 89	= 8 + 9	= Quersumme 17 Wahrhaftigkeit, Güte, Beistand aus der geistigen Welt
... JESUS	= 63	= 6 + 3	= Quersumme 9 Göttliche Fügung
NOSTRADAMUS	= 126	= 1 + 2 + 6	= Quersumme 9 Klugheit, Göttliche Fügung
FLORENCE NIGHTINGALE	= 189	= 1 + 8 + 9	= Quersumme 18 Ungerechtigkeit, Gefahr (Krankheit)
JOHANN WOLFGANG VON GOETHE	= 222	= 2 + 2 + 2	= Quersumme 6 Nachdenken, Prüfen, Forschen
NEIL ARMSTRONG	= 158	= 1 + 5 + 8	= Quersumme 14 Disziplin, Pionierarbeit

Kabbalistische Definitionen: Q-Faktor

1 Initiative, Willenskraft

2 Wissen, Kreativität

3 Kommunikation, Gruppe, Vernunft

4 Arbeit, Handeln

5 Dienen, Helfen, Heilen; Kosmische Kräfte

6 Nachdenken, Prüfen, Analyse, Forschung

7 Überwindung, Überlegenheit

8 Fairneß, Gerechtigkeit; Kosmische Ordnung

9 Klugheit; Göttliche Fügung; (dies kann auch ein Nein bedeuten)

10 Änderung, Veränderung, Neues, Reform; Trennung

11 Spiritualität, Intuition; Künstlerische Tendenzen, Beeinflußbarkeit

12 Gemeinschaft, Pflichterfüllung, Verzicht

13 Transformation, Abschiede; Höheres Wissen

14 Disziplin, Pioniergeist, Vorbild

15 Beeinflussung, Kompetenz, Macht; Selbstverwirklichung

16 Lernprozeß; Schwierigkeiten, Sorgen; Eingeweihtwerden

17 Wahrhaftigkeit, Idealismus, Güte; Beistand aus der geistigen Welt

18 Egoismus, Ungerechtigkeit, Unordnung; Gefahr

19 Harmonie, Freude, Positives

20 Déjà-vu-Erlebnis, Wiederbegegnung, geistiger Fortschritt; Wiedergeburt

21 Chance, Erfolg, Ansehen

22 Astralwirken, Träume, Phantasie, ASW, Genialität

II Mosaik des Karma

1. Kapitel

Wurzel und Wollen — Was uns die Kraft zum Leben gibt

Bevor wir uns re-inkarnieren, haben wir — in Kenntnis unserer karmischen Gegebenheiten — eine globale Vorstellung davon, wie die Fortsetzung unseres Seins auf der nun wieder materiellen Ebene aussieht, und wir sagen ‚Ja' zu diesem Leben. Ohne dieses Ja wären wir gar nicht lebensfähig: Lebenswille ist die Voraussetzung für Leben.
Das Annehmen von Leben ist also eine Absichtserklärung an unser Karma und damit die notwendigerweise von uns selbst willentlich und freiwillig eingeleitete Bildung jener Wurzeln, durch die wir einerseits mit dem materiellen Leben, andererseits aber auch mit der geistigen ‚Mutter Erde' verbunden sind, und aus der wir nun auch zeit unseres Lebens geistige Nahrung beziehen können. Das Maß unserer Bereitschaft, diese Nahrung aufzunehmen, entscheidet über unser geistiges Wachstum; so wir die Nahrungsaufnahme verweigerten, würde unser Lebenswille versiegen, würde der Geist seine Tätigkeit einstellen; die Auswirkungen sind analog der auf der physikalischen Ebene.
So ist der freie Wille also unabdingbare Voraussetzung für unser Leben, von Anfang an und in jeder Beziehung. Unser Wille auch ist es, der unser Verhalten lenkt und damit die Reaktionen der Wurzeln unseres ‚Lebens-Baumes' bestimmt.

Wurzel und Wollen des Menschen sind enthalten in seinem Namen. Ändert der Mensch seinen Namen, so ist dies vergleichbar mit dem Verpflanzen des Baumes in einen anderen Boden, in dem seine Wurzeln erneut Halt finden und leben lernen müssen. So erleben wir Namensänderungen meist bei noch jungen Menschen; ein Sprichwort sagt, man solle alte Bäume nicht mehr verpflanzen.

10,2 · 10,2 10,3 · 10,3
0 0
204 309
10,404 106,09

Kabbalisieren der Wurzel

Allgemeines:
Wurzel und Wollen eines Menschen erfahren wir, indem wir aus der Summe seines vollständigen Namens (vgl. S. 21/22, ‚Welche Namen kabbalisiert werden') die Quadratwurzel ziehen.

System:
Ohne Taschenrechner bemühe man sich geduldig, folgende mathematische Formel nachzuvollziehen:
„Die (n-te) Wurzel aus einer Zahl a ist diejenige b, die man beim Zerlegen von a in n gleichgroße Faktoren b erhält (n positive ganze Zahl)."
Beispiel: Die 2. Wurzel (= Quadratwurzel) aus 81, geschrieben $\sqrt{81} = 9$, da $9 \times 9 = 9^2$ bzw. 81

Mit Taschenrechner ist es geradezu eine Wonne:
Man gibt einfach die Summe des Namens in den Rechner ein, tippt auf das Wurzelsymbol $\sqrt{\ }$, und das Ergebnis kann augenblicklich abgelesen werden.

Die Frage lautet immer: „Was will der Mensch?"
Oder, wenn das Ergebnis internationalisierbar ist:
Was will die Wesenheit / die Gruppe / die Partei / die Krankheit / die Medizin / die Pflanze?

Beispiel: Was will das Karma?
Karma = 46, $\sqrt{\ }$ = 6,7 = 7
Durch 6 / Prüfen will Karma 7 / Überwinden, Siegen.

Besonderes:
Aufrunden
Kabbalisiert wird bis zur 1. Stelle hinter dem Komma. Ist diese Zahl höher als 5, so wird das Ergebnis zur nächsthöheren Zahl aufgerundet.
Beispiel: GAUTAMA BUDDHA = 59 = $\sqrt{\ }$ 7,6 = 8 / Recht, Gesetz etc.

3 + 4 + 12 + 9 + 13 + 2 + 8 + 8

Wurzelaufbau

In den durch das Wurzelziehen erhaltenen Zahlen (in der Regel sind es ja zwei) lassen sich auch die Faktoren erkennen, die Wurzel und Wollen eines Menschen mitbestimmen, weil mitgestalten.

Beispiel: GAUTAMA BUDDHA = 7,6$\sqrt{}$
= 7 / Sieg über sich und andere und 6 / Prüfung, Prüfen etc.

Das Beispiel zeigt überdies, daß nicht alle Menschen mit der Wurzel-Zahl 8 den gleichen Wurzelaufbau haben, wenngleich sie alle auch einen ganz bestimmten Boden = die 7 / Sieg im Sinne des Überwindens brauchen.

Ist die 1. Zahlstelle hinter dem Komma Null,
Beispiel: MARTIN LUTHER KING = 170 = $\sqrt{}$ 13,0
oder zählt eine Wurzel nur bis zum Komma,
Beispiel: EDITH STEIN = 100 = $\sqrt{}$ 10.,
so konzentriert sich der Wurzelaufbau auf den vorhandenen Einzelwert.

Reduktion

Ist der Zahlwert vor dem Komma höher als 22, so wird, da wir lediglich mit 22 kabbalistischen Zahlwerten rechnen, das Ergebnis aus der Quersumme dieser Zahl ermittelt.

Beispiel: 555 = $\sqrt{}$ 23,5 = 24 = 6
600 = $\sqrt{}$ 24,4 = 24 = 6
777 = $\sqrt{}$ 27,8 = 28 = 10
888 = $\sqrt{}$ 29,7 = 30 = 3

Dinge, Begriffe, Wesenheiten, Zitate

Normalerweise ist es sprachabhängig, die Wurzel-Zahl von Dingen, Begriffen, Wesenheiten oder Zitaten zu ermitteln, da die Ergebnisse ja nicht internationalisierbar sind, in jeder Landessprache also ein anderes Ergebnis kabbalisiert würde. Internationale Verständigung auf ein Ergebnis mag es indes geben beim Kabbalisieren von Sanskritworten (z. B. ‚Karma' = 46 = $\sqrt{}$ 6,7 = Sieg im Sinne der Selbstüberwindung), griechischen oder lateinischen Zitaten oder z. B. auch bei Latinisierung von Pflanzen-Namen usw.

In der Regel gilt:
„NOMEN EST OMEN“, Namen (!) haben eine Bedeutung; hier:
145 = $\sqrt{\ }$ 12,0 = Karmische Aufgabe (im Namen).

Beispiele: Wurzel und Wollen

KABBALISTIK	= 90 = $\sqrt{\ }$ 9,4 = 9 Philosophie
... JOHANNES	= 89 = $\sqrt{\ }$ 9,4 = 9 Bezeichnenderweise ist die Wurzelaussage von ‚Kabbalistik‘ und ‚Johannes‘ identisch, wenngleich Johannes noch ein weiteres Attribut zuzuordnen wäre: Herzensbildung
... JESUS	= 63 = $\sqrt{\ }$ 7,9 = 8 Kosmische Ordnung, Recht und Gesetzt, Gerechtigkeit, Fairneß, Gleichgewicht, Gesundheit; dies alles wollte Jesus.
FLORENCE NIGHTINGALE	= 189 = $\sqrt{\ }$ 13,7 = 14 Pionierarbeit, Vorbildlichkeit
JOHANN WOLFGANG VON GOETHE	= 222 = $\sqrt{\ }$ 14,8 = 15 Wirken, Selbstverwirklichung
NEIL ARMSTRONG	= 158 = $\sqrt{\ }$ 12,5 = 13 Neuorientierung, Höheres Wissen (Neil Armstron war der „Erste Mann auf dem Mond“)

Kabbalistische Definitionen: Wurzel und Wollen

1 Wille, Kraft, Initiative, Aktivität

2 Studien, Wissen, Bewußtwerdung

3 Kommunikation, Gemeinschaft, Frieden

4 Arbeit, kluges Handeln, Expansion

5 Sensibilisierung, Religio(n), Dienen, Geradlinigkeit, Heilen, Helfen

6 Prüfung, Prüfen, Analyse, Forschung

7 Sieg über sich und andere (Überwinden), Verzeihen, Durchhalten

8 Kosmische Ordnung, Recht und Gesetz, Gerechtigkeit, Fairneß, Gleichgewicht, Gesundheit

9 Lebensklugheit, Philosophie, Kultur, Bildung, Herzensbildung

10 Veränderung, Reform, Umsturz, Innovation, Neues

11 Spiritualität, Sensitivität, Erkennen, Intuition, Beeinflussung

12 Karmische Aufgabe, Pflichterfüllung, Dienst am Menschen/an der Gemeinschaft

13 Transformation, Neuorientierung, Höheres Wissen

14 Disziplinierung, Pionierarbeit, Vorbildlichkeit

15 Wirkung, Selbstverwirklichung, Kompetenz, Macht

16 Lernprozeß, Probleme, Einweihungsweg

17 Wahrhaftigkeit, Glaube, Hoffnung, Idealismus, Herzlichkeit, Beistand aus der geistigen Welt

18 Negativ-Konfrontationen: Unrichtiges, Unrecht, Gefahr, Krankheit

19 Glück, Zufriedenheit, Freude, Harmonie

20 Wiedergeburt, Wiederbegegnungen, geistiger Fortschritt

21 Erfolg, Ansehen, Ruhm

22 Visionen, Außersinnliche Wahrnehmung, Phantastisches, Genialität

Notieren Sie bitte Ihr persönliches Ergebnis im Karmagramm Seite 180/181.

2. Kapitel

Lebensziel — Welchen Sinn unser Leben hat

Fangen wir ausnahmsweise bei Adam und Eva an: Als ‚Mensch' und ‚Leben' (Adam = hebr. Mensch, Eva = hebr. Leben) aus dem Paradies vertrieben und fortan der großen Mühsal der Welt ausgeliefert waren, begann die Sünde sich auszubreiten in dieser Welt. So waren Ursache und Wirkung geboren, und das Karma, das Gesetz des Ausgleichs, trat in Kraft.
Ziel unseres materiellen Lebens, unserer Re-Inkarnation ist deshalb immer der Ausgleich einer Tat oder einer Unterlassung. Jedes neue Leben ist eine neue Chance, uns von der Erbsünde zu befreien — und damit von der Notwendigkeit, unser Dasein in der Welt zu fristen.
Ziel kann es aber auch sein, daß wir uns inkarniert haben nicht aus Unabwendbarkeit eines sogenannten Schicksals, sondern aus Liebe zu den Menschen; weil wir ihnen helfen wollen, können und dürfen.

Ziele erreicht man gemeinhin dadurch, daß man sie kennt oder imaginiert, denn am Start sehen können wir sie mit unseren physischen Augen ja normalerweise nicht. Sobald wir aber unser geistiges Auge darauf richten, findet sich der Weg wie von selbst. Unser Denken und Handeln wird uns dann immer in Richtung Ziel führen — dem Sinn entgegen.
Wenn wir unser Ziel kennen, so verstehen und akzeptieren wir, weshalb ‚bestimmte' Menschen und Stituationen von uns zu konfrontieren sind. Wir erkennen den Sinn unseres Lebens — und machen uns auf den Weg.

Kabbalisieren des Lebenszieles

Allgemeines:
Das Lebensziel, Sinn, Bestimmung eines Menschen erschließen wir uns, wenn wir von der Ganzheitszahl seines normalerweise in der Öffentlichkeit geführten Namens die Quersumme subtrahieren, das hierdurch erhaltene Ergebnis durch die Zahl 9 dividieren und am Schluß den Personenfaktor 1 hinzuzählen.

System:

1. Die Quersumme ermitteln wir, indem wir die Einzelwerte der Zahlen addieren
   Beispiel: 155 = 1 + 5 + 5 = 11 (Quersumme ist 11)
2. Die Quersumme wird subtrahiert.
   Beispiel: 155 — 11 = 144
3. Das Zwischenergebnis wird dividiert durch 9
   Beispiel: 144 : 9 = 16
4. Bei Personen (nicht : Wesenheiten usw.) wird der *Personen-faktor* 1 hinzugezählt.
   Beispiel: 16 + 1 = 17

Das Lebensziel eines Menschen mit der Ganzheitszahl 155 ist also 17, was ihn fordern oder fördern wird in bezug auf seine Wahrhaftigkeit, Güte und Wärme, seinen Idealismus, wobei er zur Erreichung des Zieles Beistand aus der geistigen Welt haben wird.

Besonderes:
Interpretiert werden die Zahlen von 1-22; bei darüberliegenden Ergebnissen wird wiederum deren Quersumme ermittelt.
Beispiel: 245 — 11 (Quersunmme) =234 : 9 = 26 + 1 = 27
27 = 2 + 7 = 9

Das Lebensziel eines Menschen mit der Ganzheitszahl 245 ist also 9, was ihn fordern oder fördern wird in bezug auf sein Weisesein und seine Herzensbildung.
Zu beachten ist immer, *wodurch* ein Ziel erreicht werden kann; dies sagt uns die Quersumme der Ganzheitszahl, der Q-Faktor.

Beispiele: Lebensziel

			WODURCH		*WELCHES ZIEL ERREICHT WERDEN KANN*
... JOHANNES	=	89 —	Quersumme		
			17 : 9 + 1	=	9
			Nächstenliebe Wahrhaftigkeit		Herzensbildung Lehrfunktion
... JESUS	=	63 —	Quersumme		
			9 : 9 + 1	=	7
			Takt, Klugheit, Herzensbildung		Erlangung von Demut, Besiegen/Überwinden von Fehlern (anderer)
NOSTRADAMUS	=	126 —	Quersumme		
			9 : 9 + 1	=	14
			Bildung, Klugheit, Herzensbildung		Disziplin, Pionierarbeit, Vorbildlichkeit
GAUTAMA BUDDHA	=	59 —	Quersumme		
			14 : 9 + 1	=	6
			Vorbildlichkeit Pionierarbeit		Aufklärung
DALAI LAMA	=	55 —	Quersumme		
			10 : 9 + 1	=	6
			Innovation, Reform, Abgrenzung		Aufklärung

		WODURCH		*WELCHES ZIEL ERREICHT WERDEN KANN*
EDITH STEIN	= 100 —	Quersumme		
		1 : 9 + 1	=	12
		Wille, Prinzipien, Initiative		Hingabe an Gemeinschaft
ANNE FRANK	= 97 —	Quersumme		
		16 : 9 + 1	=	10
		Schwierigkeiten, Probleme		Unabhängigkeit, Reform

Kabbalistische Definitionen: Lebensziel

WODURCH	*WELCHES ZIEL ERREICHT WERDEN KANN*
1 Wille, Prinzipien, Initiative	1 Willensstärke, Energie; Ichfindung; Praxis
2 Intellekt, Kreativität	2 Verantwortung; Dufindung; Studium
3 Kommunikation, Vernunft	3 Integration; Frieden; Vermittlung
4 Bedächtiges, vorsichtiges Handeln; Arbeit	4 Handlungssicherheit; Expansion; Abschluß einer präinkarnativ begonnenen Aufgabe oder Arbeit
5 Korrektheit, Dienen, Helfen; Kosmische Einflüsse	5 Dienen; Helfen; Heilen; geistliche Tätigkeit
6 Prüfen, Prüfungen; Forschung	6 Entdeckung, Erfindung, Aufklärung
7 Überwinden, Überlegenheit; Verständnis	7 Erlangung von Demut; Besiegen von Fehlern, Versuchungen, Süchten
8 Fairneß, Gerechtigkeit, Ordnung	8 Gerechtigkeit und Gesundheit für sich und andere
9 Kultur, Bildung, Herzensbildung, Takt; Klugheit	9 Weisheit, Lehrfunktion; Herzensbildung
10 Innovation, Reform; Abgrenzung	10 Unabhängigkeit; Reform; Trendbestimmung
11 Spiritualität, Intuition, Medialität; Künstlerische Tätigkeit	11 Spiritualität, Medialität; Künstlertum
12 Pflichterfüllung, Hingabe, Verzicht; Gemeinschaftsarbeit, Partnerschaft	12 Hingabe an Partnerschaft oder Gemeinschaft; Lernen zu Geben
13 Höheres Wissen	
14 Disziplin, Pionierarbeit, Vorbildlichkeit	

WODURCH

15 Beeinflussung, Ausstrahlung; Kompetenz, Macht

16 Schwierigkeiten, Probleme; Eingeweihtwerden/Einweihung anderer; Lehr- oder Lernaufgaben

17 Wahrhaftigkeit, Festigkeit; Idealismus, Nächstenliebe; Beistand aus der geistigen Welt

18 Gefahrsituationen, zu erduldendes Unrecht; Bekämpfen von Unrecht, Gefahr (Krankheit)

19 Freude, Glücksfälle

20 Déjà-vu-Erlebnisse, Wiederbegegnungen; geistiges Erwachen

21 Positive Umstände, Erfolg

22 Visionen, Außersinnliche Wahrnehmungen, Träume

Notieren Sie bitte Ihr persönliches Ergebnis und den Q-Faktor im Karmagramm Seite 180/181.

WELCHES ZIEL ERREICHT WERDEN KANN

13 Höheres Wissen; Alchemie, Transformation

14 Disziplin; Pionierarbeit; Vorbildlichkeit

15 Selbstverwirklichung; Kompetenz; Beeinflussungsvermögen; Wirken

16 Einweihungsweg; Lehraufgabe; Charakterstärkung

17 Wahrhaftigkeit, Idealismus, Nächstenliebe; Beistand aus der geistigen Welt

18 Befreiung aus negativen und destruktiven Lebensbedingungen; Überwinden von Krankheit

19 Harmonie, Nächstenliebe; Vermitteln von Freude

20 Geistiger Fortschritt; Ausgleich durch Wiederbegegnungen

21 Erfolg, um andere daran teilhaben zu lassen; Vermitteln positiver Gedanken und Energien

22 Außersinnliche Wahrnehmung, Astralwirken, Nostradamismus

3. Kapitel

Lebensweg — Was uns zum Ziel führt

Der Weg des Menschen ist vorgegeben: immer führt ein bestimmter Weg zu einem bestimmten Ziel. Doch da gibt es Nebenwege, Seitenwege und Umwege, die wir gehen können; wir sind in unserer Entscheidung frei. Zum Beispiel können wir auch eine Abkürzung nehmen; nur, daß wir dann nicht unseren Weg gehen, sondern nur einen Teil des Weges. Und so machen wir auch nur einen Teil der Erfahrungen, die zu unserem Leben gehören. Ebenso uneffektiv sind Umwege und andere Irrwege.

Woran merken wir eigentlich, ob unser Weg der richtige ist? Genügt es nicht, Gutes zu wollen und niemandem zu schaden? Achten wir einmal auf Zeichen, die uns das Leben gibt, auf ‚Wegweiser':
Wenn wir auf unüberwindbare Hindernisse stoßen, so ist das ein Wink, umzukehren. Werden wir unsicher oder ängstlich, so warnt uns dies vor falschen Schritten oder auch vor falschen Weggefährten. Wenn wir uns verirren, nach einem Ausweg also suchen, so ist dies ein Hinweis, daß wir uns nach Hilfe umschauen, jemanden nach dem richtigen Weg fragen sollen.
Wenn wir Menschen begegnen, die unsere Liebe oder unsere Hilfe brauchen, und wenn wir Menschen begegnen, die uns lieben und die uns helfen — dann sind wir auf dem richtigen Weg. Wie dieser Weg beschaffen ist und welche Spuren wir auf ihm hinterlassen können, erfahren Sie nun.

Kabbalisieren des Lebensweges

Allgemeines:
Den Lebensweg eines Menschen können wir erkennen, wenn wir seinen normalerweise in der Öffentlichkeit geführten Namen ohne den Anfangsbuchstaben und ohne den Schlußbuchstaben kabbalisieren.

System:
Alle Buchstaben des Namens, mit Ausnahme des ersten und des letzten, sind wie bekannt zu kabbalisieren:
Addition der Buchstabenzahlen; Quersumme subtrahieren; dividieren durch 9; Personenfaktor 1 hinzuzählen.

Beispiel: JESUS
ESU = 32 — 5 : 9 + 1 = 4
Der Lebensweg Jesu' war es also, durch Religio (Rückbindung) und Dienen bestimmte Taten zu vollbringen.

Besonderes:
Wenn es sich beim ersten oder beim letzten Buchstaben um einen ‚kabbalistischen Doppelbuchstaben' (ch, th, ts, tz) handeln sollte, so ist nur der unmittelbar erste bzw. unmittelbar letzte Buchstabe zu berücksichtigen.

Beispiel: CHARLOTTE SCHMITZ
HARLOTTE SCHMIT

Beispiele: Lebensweg

		WODURCH	*WELCHER WEG ZU GEHEN IST*
DALAI LAMA ALAI LAM	= 50 —	Quersumme 5 : 9 + 1 =	6
		Religio, Dienst am Nächsten ·	Aufklärung
EDITH STEIN DITH STEI	= 81 —	Quersumme 9 : 9 + 1 =	9
		Philosophie, Bildung, Takt	Weisheit, Lehrfunktion (man denke an die Buchveröffentlichungen der Philosophin E. S.)
MARTIN LUTHER KING ARTIN LUTHER KIN	= 154 —	Quersumme 10 : 9 + 1 =	17
		Reform, Umbruch	Vermittlung von Wahrheit und Glauben, geistliche Tätigkeit, Publizieren, Reden, Öffentlichkeit

		WODURCH	*WELCHER WEG ZU GEHEN IST*
ALBERT EINSTEIN			
LBERT EINSTEI	= 122 —	Quersumme	
		5 : 9 + 1 =	14
		Dienst am Nächsten	Pionierarbeit, Vorbildlichkeit
NEIL ARMSTRONG			
EIL ARMSTRON	= 141 —	Quersumme	
		6 : 9 + 1 =	16
		Forschung	Einweihungsweg; Lehrtätigkeit
RUDOLF STEINER			
UDOLF STEINE	= 119 —	Quersumme	
		11 : 9 + 1 =	13
		Spiritualität, Intuition	Höheres Wissen
FLORENCE NIGHTINGALE			
LORENCE NIGHTINGAL	= 167 —	Quersumme	
		14 : 9 + 1 =	18
		Disziplin, Pionierarbeit, Vorbildlichkeit	Konfrontation von Unrecht, Gefahr, Süchten, Krankheit

Kabbalistische Definitionen: Lebensweg

WODURCH

1 Aktivität, Engagement, Eigenverantwortung
2 Intellekt, Kreativität, Bewußtwerdung/Bewußtsein
3 Kommunikation, Partnerschaft, Gemeinschaft
4 Arbeit, Handeln; Umsichtigkeit
5 Religio (= Rückbindung); Dienst am Nächsten; Heilen
6 Prüfen, Prüfungen; Forschung
7 Überwinden; Siege, Gewinne
8 Fairneß, Gerechtigkeit, Integrität
9 Philosophie; Bildung; Herzensbildung, Takt, Diplomatie
10 Innovation, Reform, Umbruch; Unabhängigkeit
11 Spiritualität, Intuition, Medialität; Künstlerische Tätigkeit
12 Gemeinschaftsarbeit; Bescheidenheit, Demut, Verzicht

WELCHER WEG ZU GEHEN IST

1 Ichfindung; Engagement; Praxis
2 Studien, Lernen, Bewußtmachung
3 Vermittlung, Kommunikation; Gemeinschaft, Freundschaft, Partnerschaft
4 Aktion; Tat; Arbeit
5 Dienen, Helfen; Heilen; geistliche Tätigkeit
6 Entdeckung, Erfindung, Aufklärung
7 Überwindung und Selbstüberwindung, Besiegen negativer Faktoren bei sich oder anderen
8 Recht, Gesetz, Ordnung; Gesundheitswesen
9 Weisheit, Klugheit; Philosophie; Diplomatie; Lehrfunktion
10 Unabhängigkeit; Reform; Trendbestimmung; Wechselsituationen
11 Spiritualität, Medialität; Künstlertum

WODURCH

13 Transformation, Abschiede; Höheres Wissen

14 Disziplin, Pionierarbeit, Vorbildlichkeit

15 Beeinflussung, Ausstrahlung; Macht; Wirken

16 Schwierigkeiten, Probleme; Eingeweihtwerden/ Einweihung anderer; Lehr- oder Lerntätigkeit

17 Wahrhaftigkeit, Festigkeit, Idealismus, Nächstenliebe; Beistand aus der geistigen Welt

18 Gefahr, Ungerechtigkeit, Krankheit

19 Freude, Glücksfälle

20 Déjà-vu-Erlebnisse, Wiederbegegnungen; geistiges Erwachen

21 Positive Umstände, Erfolg

22 Visionen, Außersinnliche Wahrnehmungen, Träume

Notieren Sie bitte Ihr persönliches Ergebnis und den Q-Faktor im Karmagramm Seite 180/181.

WELCHER WEG ZU GEHEN IST

12 Arbeit in/an der Gemeinschaft; Bescheidenheit, Demut, Opfer, Verzicht

13 Transformation, Verwandlung; Höheres Wissen

14 Disziplin, Pionierarbeit, Vorbildlichkeit

15 Wirken, Beeinflussung, Macht, Ausstrahlung; Selbstverwirklichung

16 Einweihungsweg; Lehrtätigkeit

17 Vermittlung von Wahrheit und Glauben; geistliche Tätigkeit, Publizieren; Reden; Öffentlichkeit

18 Konfrontation von Unrecht, Ungerechtigkeit, Gefahr, Kriminalität, Süchten, Krankheit

19 Nächstenliebe, Glück, Harmonie

20 Hohe karmische Aufgabe (meist Inkarnation eines weit entwickelten oder von Karma freien Geistes); Wiederbegegnungen

21 Erfolg, Fortschritt

22 Visionen, Außersinnliche Wahrnehmung; Arbeit mit Träumen, Illusionen, vermeintlich Unwirklichem

4. Kapitel

Wesenskern —
Was uns wachsen läßt

Die Frucht entwickelt sich aus dem Kern, der ihr zur Mitte wird, zur inneren Bestimmung, zu Schöpfer und Schöpfung. Auch der Mensch hat einen solchen Kern. In der Meditation, wenn wir uns verbinden mit unserer geistigen Mitte, erkennen wir diesen Kern, unsere innere Bestimmung — und unseren Schöpfer.
Die Mitte ist immer verborgen — manchmal auch mitten im Satz: der Baum des Lebens wuchs *mitten* im Garten; Jesus saß im Tempel *mitten* unter den Lehrern; wo zwei in Seinem Namen versammelt sind, da ist Er *mitten* unter ihnen.
„Denn siehe, das Reich Gottes ist *mitten* unter euch". Jetzt verstehen wir: Gott ist unsere Mitte, ist unser Kern. Er ist in uns, und wir sind in Ihm. Der Kern ist Schöpfer und Schöpfung. In jedem Menschen, heißt es, steckt ein guter Kern; jetzt verstehen wir!
Und unser Begreifen bekommt eine neue Dimension: Menschen, die im Mittelpunkt stehen, prägen ihre Umgebung. Die Nabe des Rades bestimmt die Stärke der Speichen. Der Kern des Menschen bringt sein Wesen hervor — die Früchte, an denen wir ihn später werden erkennen können. Der Kern ist immer das Element der Entwicklung, und er trägt die Verantwortung hierfür.

Auch in unserem Namen können wir einen Kern finden. Er läßt uns wachsen und reifen, uns Früchte und Verantwortung tragen.

Kabbalisieren des Wesenskerns

Allgemeines:
Man findet den Wesenskern eines Menschen, indem man den oder die Mittelbuchstaben seines Geburtsnamens (Ruf- und Familienname, ggf. Adelsprädikat) er-mittelt; bei gerader Anzahl werden also 2 Buchstaben, bei ungerader Anzahl wird 1 Buchstabe interpretiert.

System:
Der Name wird von außen nach innen an jedem Ende um jeweils einen Buchstaben reduziert.

Beispiel: M I T T E
/ / ↓ \ \
9 Der ‚Kern der Mitte' wäre also die 9/ Weisheit.

Besonderes:
— Kabbalistische Doppelbuchstaben (ch, ph, sch, sh, th, ts, tz) werden als Einzelwert gerechnet (ch mit dem kabbalistischen Zahlwert 8 wird also umgerechnet in c = 11 + h = 8 = insgesamt 11 + 8 = 19)

— Der Buchstabe „ß" wird aufgelöst in „ss", zählt kabbalistisch also 21 + 21

— Zahlenwerte über 22 werden quersummengerechnet (23 = 2 + 3 = 5).

— Der Wesenskern bleibt unverändert auch bei Heirat oder anderweitig begründetem Namenswechsel.
Der Kern eines später geführten Namens ist zusätzlich interpretierbar als Wesenstendenzgeber.

Beispiele: Wesenskern (Der Kern des Menschen)

	Prädestinationen
DALA**I** LAMA ↓ 10	Der Dalai Lama (tibet. ‚Ozean des Wissens‘), das religiöse Oberhaupt des tibetanischen Lamaismus, trägt in seinem Kern die Berufung, Reformen zu schaffen.
GAUTAM**A** BUDDHA ↓ 1	Der große Menschheitslehrer trug in seinem Innersten die Prädestination, Erster zu sein, eine herausragende Persönlichkeit.
DANTE A**L**IGHIERI ↓↓ 22	Seine ‚Divina Commedia‘, ‚Göttliche Komödie‘, umfaßt enzyklopädisch die geistigen Themen des Mittelalters; das Werk des wohl größten italienischen Dichters, der zuletzt in Lucca und Ravenna lebte, wurde in fast alle Sprachen übersetzt. Ein Genius mit hoher Berufung.
ISAAC **N**EWTON ↓ 14	Pioniergeist — die klassische Erfinderkonstellation. Begründer der theoretischen Physik und der Himmelsmechanik, Entdecker des Gravitationsgesetzes.

Beispiele: Wesenskern (Der Kern der Dinge)

	Prädestinationen
REINKA**R**NATION ↓ 20	Wiedergeburt
I G**I**NG ↓ 10	I Ging, Das Buch der Wandlungen . . .
EN**G**EL ↓ 3	Hilfsbereitschaft
SE**E**LE ↓ 5	Religio (Rückbindung)

In der deutschen Sprache ist die kabbalistische Definition von Dingen und Begriffen bemerkenswert aufschlußreich und oft amüsant. Werden die Worte jedoch übersetzt, so ergibt sich im Normalfall ein anderer Sinn.[7] Dennoch kann man zu übereinstimmenden Ergebnissen kommen, wenn man ihre lateinische Bezeichnung kabbalisiert. Dies gilt insbesondere und dies gilt international für das Kabbalisieren von Heilpflanzen, Rauschmitteln, Giften, chemischen Substanzen, aber auch für Ärztelatein.

Kabbalistische Definitionen: Wesenskern

WODURCH		*WELCHE PRÄDESTINATION BESTEHT*	
1	Willensstärke, Energie	1	Erster, primus inter pares, herausragende Persönlichkeit, exponierte Stellung
2	Wissensdrang	2	Wissen und Wissenschaften
3	Hilfsbereitschaft	3	Gemeinschaftsgeist, soziales Engagement, Kommunikation, Intervention
4	Systematik, Pragmatismus, Geltungsdrang	4	Tatmensch, harter Arbeiter, physische Kraft
5	Sensibilität, Religiösität, Charakter	5	Dienen, Helfen, Heilen; Samariter, Arzt, Geistlicher, Religio(n)
6	Analyse, Neugierde, Interesse	6	Forscher, Erfinder, Kritiker; Geprüfter oder Prüfender
7	Überlegenheit, Beherrschtheit, Überwindungsstärke	7	Siegernatur/Gewinner, Stratege, Spekulant
8	Gerechtigkeit, Ordnung, gesunde Lebensweise	8	Anwalt, Richter, Ordnungshüter, Gesundheitsberater
9	Klugheit, Überlegtheit, Weisheit, Philosophie	9	Weiser, Philosoph, Diplomat, Berater
10	Unbeständigkeit, Flexibilität	10	Reformer, (Er-)Neuerer
11	Sensitivität, Spiritualität	11	Spiritualist, Medium, Künstler
12	Aufopferungsbereitschaft, Pflichtbewußtsein		
13	Mystische Veranlagung, Neigung zum Geheimnisvollen		
14	Disziplin, Zuverlässigkeit		
15	Charme, Ausstrahlung, Anziehungskraft/Magnetismus		

WODURCH

16 Seelische Belastbarkeit

17 Wahrhaftigkeit, Glauben

18 Affinität zu Unrecht, Ungerechtigkeit, Unaufrichtigkeit, Gefahr, Krankheit

19 Harmonie, Nächstenliebe, Positives Denken

20 Geistige Orientierung

21 Erfolgsstreben, Erfolgsdenken

22 Illusionen, Träume, Visionen, geniale Einfälle

WELCHE PRÄDESTINATION BESTEHT

12 Treuer Freund, Beschützer; Annehmen eines besonderen karmischen Auftrages

13 Höheres Wissen oder Todessehnsucht, ein Geist zwischen Diesseits und Jenseits, Notwendigkeit der Persönlichkeitstransformation

14 Pioniergeist, Vorbild

15 Kompetenz, Macht, Beeinflussungstendenz

16 Vorbereitung auf Adeptenschaft oder Adept und Einweihungsweg

17 Idealist, Wahrheitsverfechter

18 Verfolgter oder Verfolger, Leidender oder Mit-Leidender

19 Lebensfreude (erleben und geben), Konstruktivismus, Harmonisierung

20 Eigene geistige Entwicklung und/oder spirituelle Ausbildung anderer; meist Wiedergeburt eines hohen Geistes mit bestimmter Erdenmission

WELCHE PRÄDESTINATION BESTEHT

21 Erfolgsmensch, Aufstieg im geistigen oder materiellen Sinne

22 Phantast oder Genius, oft Nostradamismus, meist hohe Berufung im Leben

Notieren Sie bitte Ihr persönliches Ergebnis im Karmagramm Seite 180/181.

5.Kapitel

Denken und Handeln — Wie wir des Lebens Lauf bestimmen

Alles Existierende hat seinen Ursprung im Geist, auf Gedanken-Ebene, die Atombombe genauso wie die Friedensbewegung. Nichts kann entstehen, was nicht zuvor gedacht worden ist. Wir wissen, aus medialen Kundgebungen, daß im sogenannten Jenseits, in der geistigen Welt also, ein Gedanke die sofortige ‚Materialisation' bewirkt, und im sogenannten Diesseits ist dies nicht anders — nur mit dem Unterschied, daß wir als Menschen in Raum und Zeit eingebunden sind und die für unsere menschliche Wahrnehmung erforderliche Dimensionalisierung der Materie erst nach einer gewissen „Zeit" erfahrbar ist. Der Gedanke, als ja geistige Schöpfung, arbeitet immer an der Verwirklichung seiner selbst. Aber wie?

Wir alle kennen den bei vielen Menschen auf Unverständnis treffenden Ausspruch: „Hilf dir selbst, dann hilft dir Gott." Wir alle haben schon einmal einen Stein ins Wasser geworfen und gesehen, wie er Kreise zog. Das Prinzip ist das gleiche: Indem wir bereit werden, uns in einer schwierigen Situation selbst zu helfen, imaginieren wir die sich wandelnde, sich bessernde, die heile Situation; wir produzieren Hoffnung und spüren, daß sie eine Energieform ist. Und im selben Augenblick spüren wir, daß wir schon dabei sind, unser Problem zu lösen, daß wir es können, daß es uns gelingt. Und genauso, wie sich die Moleküle im Raum schon durch die kleinste unserer Bewegungen verändern (und damit „neue Verhältnisse im Raum" schaffen), so verändert sich auch durch den noch so kleinen Hoffnungsschimmer unsere Schwingung, unsere Aura — und im wahren Sinne des Wortes magisch

ziehen wir Situationen und Menschen in unser Leben, die uns helfen, das Blatt zu wenden.
So funktioniert Positives Denken. So funktioniert Gott.

Aber andersrum funktioniert es ebenso: wenn wir uns nicht selber helfen wollen — erkennbar am ‚Ich-kann-nicht-Syndrom' —, verschließen wir uns positiven , helfenden Energien; es ist wenig ‚hilfreich', sich einerseits darauf zu verlassen, daß ‚Vater alles wieder in Ordnung bringt', wenn man auf der anderen Seite der Meinung ist, man habe gar keinen Vater. Positives Denken ist also Voraussetzung für positives Handeln. Wenn Denken und Handeln nicht miteinander in Einklang stehen, müssen wir um-denken. Gedanken sind Kräfte. Sie sind Ursache für Wirkungen; sie verursachen Karma — und damit unseres Lebens Lauf.

Kabbalisieren von Denken und Handeln; Naturell

Allgemeines:
Denken und Handeln erfahren wir aus den beiden den *Namens*-kern umschließenden Buchstaben. Kabbalisiert wird also der normalerweise in der Öffentlichkeit geführte Name — lediglich der *Wesens*kern selbst ist im Geburtsnamen zu ermitteln.
Die Addition der beiden erhaltenen Zahlenwerte erschließt uns das Naturell des Menschen.

System:
Zuerst wird der Namenskern bestimmt.
Rechts des Namenskerns zeigt sich die *Denkweise.*
Links des Namenskerns zeigt sich die *Handlungsweise.*
Addition beider Zahlenwerte zeigt das *Naturell.*

Beispiel: JANE **R**O**B**ERTS (Seth-Medium und Schriftstellerin)

20 + 2 = 22 *Rechts* Denken: 2/wissenschaftlich
Links Handeln:
20/geistig orientiert, Wiederbegegnungen prägen (J.R. kannte Seth aus der Präexistenz)
Addition Naturell:
22/visionär, ASW

Besonderes:
- Zahlenwerte über 22 werden quersummengerechnet (23 = 2 + 3 = 5).
- Wenn Denken und Handeln einen identischen Zahlenwert ergeben, so ist hieraus gleichzeitig das Naturell ersichtlich; die Addition zur Ermittlung des Naturells entfällt dann.
- Die Zahlen 4, 6, 7, 9, 10, 13, 15, 16, 18 erfordern subtilste Interpretation. Verschiedene Kombinationen können (auch in Verbindung mit anderen kabbalistischen Ergebnissen) Anlaß zu genau gegenteiliger Definition geben. Eine zuverlässige Charaktererkennung wird erst nach einiger Übung möglich sein.

Beispiele: Denken und Handeln; Naturell

JESUS 5 + 6 = 11	Denken: 6/analytisch Handeln: 5/dienend, helfend, heilend Naturell: 11/spirituell
EDITH STEIN 9 + 9 = 18 = 9	Denken: 9/philosophisch Handeln: 9/philosophisch Naturell: 9/philosophisch
ALBERT SCHWEIZER 21 + 6 = 27 = 9	Denken: 6/analytisch, forschend Handeln: 21/strebsam, erfolgreich Naturell: 9/philosophisch, klug, taktierend
ELISABETH KÜBLER-ROSS 8 + 6 = 14	Denken: 6/analytisch, forschend Handeln: 8/rechtschaffen, gesund Naturell: 14/diszipliniert, pionierhaft, vorbildlich

Kabbalistische Definitionen: Denken und Handeln; Naturell

1 autoritär, energisch, prinzipientreu, aktiv
2 intellektuell, intelligent, bewußt, wissenschaftlich
3 sozial, kameradschaftlich, friedlich, kooperativ
4 praktisch, tatkräftig, impulsiv, geltungsorientiert
5 feingeistig, subtil, edel; dienend, helfend, heilend
6 analytisch, kritisch, forschend
7 souverän, beherrscht, siegreich
8 gerecht, rechtschaffen, ordentlich, gesund
9 klug, philosophisch, taktierend
10 unbeständig, launisch; flexibel
11 spirituell, künstlerisch, intuitiv
12 aufopfernd, pflichtbewußt, hingebend, treu
13 Verbindung zur geistigen Welt, mystisch, geheimnisvoll, Todessehnsucht; Zerstörungstendenz
14 diszipliniert, pionierhaft, vorbildlich
15 charmant, anziehend, beeinflussend, kompetent, mächtig
16 umständlich, problematisch, chaotisch; lernfreudig, seelenstark
17 ehrlich, wahrhaftig, gläubig, idealistisch, herzlich, gutmütig
18 unaufrichtig, egoistisch, gefährlich, ungerecht, krank, destruktiv
19 liebenswürdig, harmonisch, humorvoll
20 geistig orientiert, Wiederbegegnungen prägen, oft präexistenz-adäquates Verhalten
21 erfolgreich, strebsam

22 illusionistisch oder phantastisch, visionär, nostradamisch, ASW, genial

Notieren Sie bitte Ihre persönlichen Ergebnisse im Karmagramm Seite 180/181.

6. Kapitel

Ruf —
Welche Eigenschaften man uns nachsagt

Jesus galt als spiritueller Meister; Moses ging als Befreier des Volkes Israel und Eroberer von Kanaan in die Biblische Geschichte ein; Hiob, den Gott hart prüfte, galt als der Gerechteste.

Jeanne d'Arc (die Jungfrau von Orleans) opferte ihr Leben und erfüllte damit eine hohe karmische Aufgabe.
Madame Germaine de Staël eilte überall der Ruf voraus, die gescheiteste Frau im Frankreich des 18. Jahrhunderts zu sein.

Astrologisch werden die Planeten Sonne und Jupiter dem Erfolg zugeordnet; Neptun repräsentiert den spirituellen Aspekt, die Intuition; Venus fördert Sensitivität und künstlerische Intentionen ebenso wie Merkur; Mars steht synonym für unseren Willen; Pluto verantwortet die Irrationalität; der Mond wird in Verbindung gebracht mit Problemen, Lernprozessen, jedoch auch mit Einweihungen; der Saturn, so sagt man, hilft überwinden, siegen.

Durch Überlieferung oder auch eigene Erfahrung glauben oder wissen wir, daß all dies richtig ist.
All dies können wir aber genausogut nachlesen in den kabbalistischen Definitionen, denn der „Ruf" ist immer ein offenes Geheimnis gewesen, und spirituell betrachtet ist es gerade die Offenheit, die ihn so geheimnisvoll macht:
Menschen, die uns nie persönlich begegnet sind, die nichts über uns wissen und nur unseren Namen kennen, urteilen nach dem Klang dieses Namens, wobei die Vokale ihnen praktisch ‚wie gerufen' kommen. Denn immer ist es die Summe der Vokale, die uns entweder ins Gespräch bringt oder ins Gerede, die zum Leumund

werden kann oder zum Ver-Leumund. Die sogenannten Selbst-Laute sprechen für sich. Unbewußt nehmen wir sie auf; wenn wir es bewußt tun, erfahren wir weit mehr noch.

Kabbalisieren des Rufs

Allgemeines:
Der Ruf eines Menschen betrifft dessen Eigenschaften, die wir uns unter verschiedenen Aspekten durch die Vokale seines normalerweise in der Öffentlichkeit geführten Namens erschließen können; ebenso ist eine Analyse des Rufs einer Partnerschaft oder Ehe möglich, wenn die Vokale aus beiden Namen berücksichtigt werden.

System:

Die Eigenschaften
erfahren wir durch Vokal-Addition,
bei Partnern durch die Addition der Vokale beider Namen.

Die Intensität der Eigenschaften
erfahren wir durch die Häufigkeit der einzelnen Vokale, für die folgender Schlüssel gilt:

1 x = normale Repräsentanz der entsprechenden Eigenschaft
2 x = verstärkte Wirkung der Eigenschaft
3 x = optimales Wirkpotential
4 x = übertriebene, ggf. negativ oder konträr sich auswirkende Eigenschaft

Die Anwendung der Eigenschaften
erfahren wir durch separate Vokal-Multiplikation.

Beispiele:

Eigenschaften / Vokal-Addition
J**E**A**NN**E d'**A**RC (Johanna von Orleans)
= E/5 + A/1 + E/5 + A/1 = 12/aufopfernd

Intensität/Vokalhäufigkeit

JEANNE d'ARC	2 x A	=	verstärkter Wille
	2 x E	=	verstärkte Religiösität

Anwendung/separate Vokal-Multiplikation

JEANNE d'ARC	2 x A/1	=	2/Wissen
	2 x E/5	=	10/Umsturz, Wechsel, Innovation

Interpretation:

Jeanne d'Arc, die für ihren Glauben sterben mußte, setzte ihren starken/verstärkten Willen durch ein ihr zuteil gewordenes Wissen ein. Ihre ebenfalls starke/verstärkte Religiösität bewirkte Umsturz, Wechsel, Innovation.

Besonderes:

— Bei Ergebnissen über 22 gilt deren Quersumme.

— Umlaute (ä, ae) werden entsprechend ihrer Schreibweise kabbalisiert (ä = 1, ae = 1 + 5 = 6).

Beispiele: Ruf

GERMAINE DE STAËL

Ruf insgesamt:	Vokalsumme 32 = 5 = sensibel, helfend		
	Eigenschaften		
Intensität:	4 x E	(5)	= konträr-religiös, freidenkend
Anwendung:	4 x 5	(20)	= geistiger Fortschritt
Intensität:	2 x A	(1)	= verstärkter Wille
Anwendung:	2 x 1	(2)	= intellektuell, kreativ
Intensität:	1 x I	(10)	= innovativ, reformatorisch
Anwendung:	1 x 10	(10)	= Unabhängigkeit

Ruf-Diagramm

	Eigenschaft	Intensität	Anwendung
A/Ä (1)	X	2	2
E (5)	X	4	20
I (10)	X	1	10
O/Ö (16)			
U/Ü (6)			
Ruf insgesamt: 32 = 5			

ADAM & EVA

Ruf insgesamt:	Vokalsumme 8	=	Verbindung nach der kosmischen Ordnung

Eigenschaften

Intensität:	3 x A (1)	=	Optimum an Willen
Anwendung:	3 x 1 (3)	=	Gemeinschaft betreffend
Intensität:	1 x E (5)	=	Problem in der Partnerschaft
Anwendung:	1 x 5 (5)	=	Religio(n), Herkunft, Korrektheit

Ruf-Diagramm

	Eigenschaft	Intensität	Anwendung
A/Ä (1)	X	3	3
E (5)	X	1	5
I (10)			
O/Ö (16)			
U/Ü (6)			
Ruf insgesamt: 8			

ROMEO & JULIA

Ruf insgesamt: Vokalsumme 54 = 9 = Vorsicht vor Intrigen

Eigenschaften

Intensität:	1 x A (1)	= willensstark
Anwendung:	1 x 1 (1)	= Aktivität
Intensität:	1 x E (5)	= Problem in der Partnerschaft
Anwendung:	1 x 5 (5)	= Liebe
Intensität:	1 x I (10)	= Bei Partnerschaften Trennung
Anwendung:	1 x 10 (10)	= s.o.
Intensität:	2 x 0 (16)	= verstärkt leidgeprüft
Anwendung:	2 x 16 (32)	
	(5)	= Probleme in der Partnerschaft
Intensität:	1 x U (6)	= Prüfung
Anwendung:	1 x 6 (6)	= sexuelle Interessen

Ruf-Diagramm

	Eigenschaft	Intensität	Anwendung
A/Ä (1)	X	1	1
E (5)	X	1	5
I (10)	X	1	10
O/Ö (16)	X	2	32
U/Ü (6)	X	1	6
Ruf insgesamt: 54 = 9			

Ihr persönliches Ruf-Diagramm*

	Eigenschaft	Intensität	Anwendung
A/Ä (1)			
E (5)			
I (10)			
O/Ö (16)			
U/Ü (6)			
Ruf insgesamt:			

*) Notieren Sie die in Ihrem Namen enthaltenen Vokale in der Rubrik ‚Eigenschaft' mit einem Kreuz (x), tragen Sie dann in der Rubrik ‚Intensität' die Zahl der Häufigkeit der einzelnen Vokale ein; multiplizieren Sie die Buchstabenzahl mit der Intensitätszahl (z. B. E = 5, 3 x E = 15), und übertragen Sie das Ergebnis in die Rubrik ‚Anwendung'.
Sie können nun auf einen Blick ablesen, welche Eigenschaften Ihren Ruf begründen, wie intensiv ihre Ausprägung ist, und in welchen Bereichen sie von Ihnen angewendet / eingesetzt werden können. Und wie Ihr Ruf „insgesamt" ist.

Kabbalistische Definitionen: Ruf

1 willensstark, energisch, aktiv

2 intelligent/intellektuell, kreativ

3 kommunikativ, friedlich, sozial, Gemeinschaft

4 tatkräftig, arbeitsam, fleißig, impulsiv

5 religiös, sensibel, helfend, heilend, korrekt, liebevoll; bei Partnerschaften Probleme

6 prüfend, forschend oder selbst Prüfungen unterzogen; bei Partnerschaften betont sexuelle Interessen

7 siegreich, beherrscht, zäh, überlegen

8 gerecht, ordentlich, fair, konstruktiv, gesund; bei Partnerschaften Verbindung nach der kosmischen Ordnung

9 klug, weise, philosophisch, diplomatisch; bei Partnerschaften Vorsicht vor Intrigen

10 wechselhaft/launisch, reformerisch, innovativ, erneuernd; bei Partnerschaften Trennung/oder Neubeginn

11 spirituell, sensitiv, beeinflußbar, intuitiv, künstlerisch; bei Partnerschaften Vorsicht vor Mißverständnissen, Irrtümern

12 hingebungsvoll, aufopfernd, pflichterfüllt; bei Partnerschaften ideale Übereinstimmung

13 undurchsichtig, geheimnisvoll, zerstörend und wiederaufbauend; bei Partnerschaften Sublimierung oder Trennung/Neubeginn

14 diszipliniert, kämpfend, vorbildlich

15 anziehend, charmant, beeinflussend, kompetent, mächtig

16 schwierig, chaotisch, leidgeprüft; eingeweiht

17 ehrlich, wahrhaftig, idealistisch, herzlich, gutmütig

18 unaufrichtig, gefährlich, egoistisch, destruktiv; krank; bei Partnerschaften Gefahr für beide

19 harmonisch, glücklich

20 geistig erwachend oder geistig fortgeschritten; bei Partnerschaften karmische Wiederbegegnung

21 erfolgreich, positiv

22 illusionistisch oder phantastisch; visionär, nostradamisch; genial

Notieren Sie bitte Ihr persönliches Ergebnis im Karmagramm Seite 180/181 und Ihr Partnerschafts-Ergebnis im Partner-Diagramm Seite 114.

7. Kapitel

Wünsche, Hoffnungen — Welche Motive uns leiten

Wir alle haben ein tiefinneres Ziel, ein Mosaik aus Sehnsüchten und Träumen, aus Glauben und Wissen, aus Verlangen und Erbitten. Es treibt uns um, dieses Ziel, lenkt und leitet uns und verleiht uns eine geheimnisvolle Energie und unendlich viel Menschlichkeit. Manchmal kennen wir sie gar nicht, unsere Wünsche; manchmal kennen wir uns selber nicht. Manchmal aber spüren wir auch ein Rufen in eine bestimmte Richtung, und wir folgen ihm — bis in unser Unterbewußtsein, die Akasha-Chronik unseres Seins suchend.

Wenn wir sie kennenlernen, unsere Wünsche und Hoffnungen, gewinnen wir ein tiefes Verständnis für unsere Handlungen, verstehen wir uns selbst auch besser; wenn wir sie kennenlernen, die Wünsche und Hoffnungen anderer Menschen, gewinnen wir ebenso ein tiefes Verständnis für deren Handlungen, verstehen wir auch den anderen besser. So können wir uns, und so können wir dem anderen helfen, alles das zu erreichen, was an positivem Denken und Wollen in uns ist oder im anderen.

So, wie wir in den Vokalen eines Namens den Ruf und damit die Eigenschaften des Menschen uns erschließen, so finden wir in den Konsonanten die Motive des Handelns.
Jesus hatte den Wunsch, die Hoffnung, sein Los zu überwinden, durchzustehen. Moses sehnte den Aufbruch herbei, Hiob den Neubeginn.
Jeanne d'Arc wollte einen Umsturz erreichen, Germaine de Staël wünschte Einfluß.
Sie alle haben erreicht, was sie wollten, denn: Wünsche sind Gedanken. Und Gedanken sind Kräfte. Nur bewußt müssen wir sie uns machen.

Kabbalisieren der Wünsche und Hoffnungen

Allgemeines:
Wünsche und Hoffnungen und damit die Ideale des Menschen erschließen wir uns durch die Konsonanten seines normalerweise in der Öffentlichkeit geführten Namens; ebenso ist eine Analyse der Partnerschaft oder Ehe möglich, wenn die Konsonanten aus beiden Namen berücksichtigt werden.

System:

Wünsche, Hoffnungen
erfahren wir durch Konsonanten-Addition, bei Partnern durch die Addition der Konsonanten beider Namen.

Intensität der Wünsche, Hoffnungen
erfahren wir durch die Häufigkeit der einzelnen Konsonanten.

Verwirklichung der Wünsche, Hoffnungen
erfahren wir durch separate Konsonanten-Multiplikation.

Beispiele:

Wünsche, Hoffnungen/Konsonanten-Addition
JEANNE d'ARC
= J/10 + N/14 + N/14 + d/4 + R/20 + C/11 = 73
73 = 7 + 3 = 10/Umsturz

Intensität/Konsonanten-Häufigkeit

JEANNE d'ARC	1	x	J	=	Umsturz
	2	x	N	=	verstärkter Kampfeswille, Disziplin, Vorbildlichkeit
	1	x	D	=	Tatkraft, Impulsivität
	1	x	R	=	geistiger Fortschritt
	1	x	C	=	Intuition, Sensitivität, Spiritualität

Verwirklichung/separate Konsonanten-Multiplikation
JEANNE d'ARC 2 x N/14 = 28 = 10/Umsturz, Wechsel, Innovation

Interpretation:
Die Jungfrau von Orleans hatte als erklärtes Ziel den Umsturz im positiven Sinne. Geleitet von verstärktem Kampfeswillen, Disziplin und Vorbildlichkeit, setzte sie hierfür ihre ganze Tatkraft und auch Impulsivität ein, unterstützt von den ihr eigenen Gaben der Intuition, Sensitivität und Spiritualität.
Man beobachtet eine bemerkenswerte Übereinstimmung zwischen ihrem Ruf und ihren Wünschen und Hoffnungen, n'est pas?

Besonderes:
— Bei Ergebnissen über 22 gilt deren Quersumme.
— Kabbalistische Doppelbuchstaben (CH, PH, SCH, SH, TS, TZ) werden nach dem Alphabetzahlen-Schlüssel gerechnet.

Beispiele: Wünsche, Hoffnungen

	GERMAINE DE STAËL
Summe der Wünsche, Hoffnungen:	Konsonantensumme 96 = 9 + 6 = 15 = Einfluß, Kompetenz, Macht, Wirkung, Selbstverwirklichung
	Eigenschaften:
Intensität:	Je 1 x und damit in normaler Intensität vorhanden: G (3) = Kommunikation, Gemeinschaft, Soziales, Vermittlung, Intervention R (20) = Geistiger Fortschritt; Wiederbegegnungen M (13) = Höheres Wissen N (14) = Disziplin, Pionierarbeit, Vorbildlichkeit D (4) = Geschehen, Impulse; Öffentlichkeit S (21) = Erfolg, Ansehen T (9) = Weisheit, Lebensklugheit, Herzensbildung, Diplomatie, Kultur L (12) = Hingabefähigkeit
Verwirklichung:	Da kein Multiplikationsfaktor vorhanden ist, realisieren sich die Wünsche und Hoffnungen von Mme. de Staël allein durch ihre Vielgestaltigkeit.

Wunsch-Diagramm: GERMAINE DE STAËL

		Wünsche Hoffen	Intensität	Verwirklichung	
				in 1-22	vgl. Zahl
B	2				
C	11				
D	4	X	1	4	4
F	17				
G	3	X	1	3	3
H, CH	8				
J	10				
K	11				
L	12	X	1	12	12
M	13	X	1	13	13
N	14	X	1	14	14
P, PH	17				
Q	19				
R	20	X	1	20	20
S	21	X	1	21	21
SCH, SH	18				
T	9	X	1	9	9
TH	22				
TS, TZ	18				
V	6				
W	6				
X	15				
Y	10				
Z	7				
Summe der Wünsche:			→	96	= 15

ADAM & EVA

Summe der Wünsche, Hoffnungen	Konsonantensumme 23 = 2 + 3 = 5 = Hilfe, Religio(n); für die Partnerschaft Liebe
	Wünsche
Intensität	1 x D (4) = Arbeit, Impulse 1 x M (13) = Transformation, Umwandlung, Höheres Wissen 1 x V (6) = Aufklärung, Forschung (Der Wunsch, Nahrung zu erhalten vom Baum der Erkenntnis)
Verwirklichung	*Adam:* Da kein Multiplikationsfaktor vorhanden ist, begrenzt sich das Wünschen und Hoffen von Adam selber auf die Konsonanten-Entsprechungen, und zwar, da jeweils nur 1 x vorhanden, in normaler Intensität.
	Eva: Da kein Multiplikationsfaktor vorhanden ist und es auch keinen zweiten Konsonanten gibt, bleiben Wünsche und Hoffnungen von Eva unerfüllt — wie wir ja wissen.

Wunsch-Diagramm: ADAM & EVA

		Wünsche Hoffen	Intensität	Verwirklichung	
				in 1-22	vgl. Zahl
B	2				
C	11				
D	4	X	1	4	4
F	17				
G	3				
H, CH	8				
J	10				
K	11				
L	12				
M	13	X	1	13	13
N	14				
P, PH	17				
Q	19				
R	20				
S	21				
SCH, SH	18				
T	9				
TH	22				
TS, TZ	18				
V	6	X	1	6	6
W	6				
X	15				
Y	10				
Z	7				
Summe der Wünsche:			→	23 =	5

Wunsch-Diagramm*: Ihr persönliches Wunsch-Diagramm

	Wünsche Hoffen	Intensität	Verwirklichung	
			in 1-22	vgl. Zahl
B 2				
C 11				
D 4				
F 17				
G 3				
H, CH 8				
J 10				
K 11				
L 12				
M 13				
N 14				
P, PH 17				
Q 19				
R 20				
S 21				
SCH, SH 18				
T 9				
TH 22				
TS, TZ 18				
V 6				
W 6				
X 15				
Y 10				
Z 7				
Summe der Wünsche:			→	=

*) Notieren Sie die in Ihrem Namen enthaltenen Konsonanten in der Rubrik ‚Wünsche' mit einem Kreuz (x), tragen Sie dann in der Rubrik ‚Intensität' die Zahl der Häufigkeit der einzelnen Konsonanten ein; multiplizieren Sie die Buchstabenzahl

Kabbalistische Definitionen: Wünsche, Hoffnungen

1 Willensbehauptung, Energie, Kraft, Aktion

2 Wissen, Intellekt, Studien, Kreativität, Bewußtseinsentwicklung

3 Kommunikation, Frieden, Gemeinsamkeit, Gemeinschaft, Soziales; Vermittlung, Intervention

4 Handlung/Geschehen, Arbeit, Impulse, Entscheidung; Öffentlichkeit

5 Hilfe, Heilung, Religio(n), Sensibilität, Korrektheit; bei Partnerschaften Liebe

6 Analyse, Aufklärung, Forschung; bei Partnerschaften Sexualität

7 Sieg, Überwinden, Selbstüberwindung, Verzeihung, Durchstehvermögen, Überlegenheit; Lob

8 Gerechtigkeit, Recht, Ordnung, kosmische Ordnung; Fairneß, inneres Gleichgewicht

9 Weisheit, Lebensklugheit, Herzensbildung, Takt, Diplomatie, Bildung, Kultur

10 Veränderung, Wechsel, Übergangslösung, Umbruch, Reform, Unabhängigkeit, Innovation, Neues; bei Partnerschaften Trennung oder Neubeginn

11 Spiritualität, Medialität, Erkenntnis, Intuition, Künstlerisches Talent

---

mit der Intensitätszahl (z. B. C = 11, 2 x C oder CK = 22; F = 17, 2 x 17 = 34 = 3 + 4 = 7), und übertragen Sie das Ergebnis in die Rubrik ‚Verwirklichung'. Sie können nun auf einen Blick ablesen, welche Wünsche und Hoffnungen Sie leiten, wie intensiv deren Ausprägung ist, und in welchen Bereichen/auf welche Weise sie von Ihnen verwirklicht werden können. Und was die Summe Ihrer Wünsche ist.

12 Hingabefähigkeit, Aufopferung; Erfüllen einer karmischen Aufgabe; bei Partnerschaften Übereinstimmung

13 Transformation, Umwandlung, Höheres Wissen; Zerstörung; bei Partnerschaften Sublimierung oder Trennung/Neubeginn

14 Disziplin, Kampf, Verständnis, Pionierarbeit, Vorbildlichkeit

15 Einfluß, Kompetenz, Macht, Wirkung, Selbstverwirklichung

16 Lernen, Lehren, Einweihung; bei Partnerschaften Problemüberwindung

17 Wahrheit, Güte, Herzlichkeit, Idealismus, Beistand aus der geistigen Welt

18 Konfrontation von Unrecht, Unrichtigem, Gefahr, Krankheit; bei Partnerschaften Gefahr für beide/Suche nach Ausweg

19 Glück, Freude, Harmonie

20 Geistiger Fortschritt, Überleben, Wiedergeburt, Déjà-vù-Erlebnisse, Wiederbegegnungen

21 Erfolg, Ansehen, Positives

22 Traumerfüllung, Phantasie; Genialität; Visionen, Nostradamismus

Notieren Sie bitte Ihr persönliches Ergebnis im Karmagramm Seite 180/181 und Ihr Partnerschafts-Ergebnis im Partner-Diagramm Seite 114.

8. Kapitel

Lebenspflichten — Was von uns erwartet wird

Ein Baum trotzt Sturm und Wetter, bleibt stark und fest, stellt sich perfekt auf jahreszeitliche Veränderungen ein und wächst, wächst, wächst.
In der Natur des Menschen liegt es nun, dies alles auch gar nicht anders zu erwarten — vom Baum. Wird der Mensch selber in Lebensstürmen geschüttelt oder mit einer Umbruchsituation konfrontiert, glaubt er umgehend, dies sei eine Strafe Gottes, mindestens aber eine Ungerechtigkeit. Sie ist schon weise, die Natur.

Wir alle haben mit Problemen und Schwierigkeiten umzugehen, eben damit wir unsere Kräfte voll entwickeln, damit wir unsere Lebensmuskeln ausbilden können. Damit wir lebens-notwendigen Veränderungen standhalten und schließlich erneuert aus ihnen hervorgehen können. Nicht anders können wir uns entwickeln, nicht anders können wir wachsen. Und Wachsen ist ein Hineingeborenwerden in eine höhere Daseinsebene, in einen Raum, der uns mehr Weitblick und mehr Freiheit gewährt; und manchmal tut Wachsen weh, wir vergessen es aber sehr schnell wieder.

Die Finalität des Baumes ist es, uns Sauerstoff zu geben und Schatten, vielleicht auch Früchte; seine Wurzel ist die Liebe. Damit hat er die idealen Voraussetzungen, seine Pflichten zu erfüllen, nämlich: durch seine besondere Spiritualität andere zu lehren, wie sie wachsen und reifen können an ihren sich wandelnden Lebenszeiten.
Kabbalisieren Sie einmal die Wesenheit Baum oder das Wesen der

Natur überhaupt, und Sie werden erkennen, daß jede Pflicht hier der Ganzheit allen Lebens, dem Miteinander dient, und daß diese Pflicht mit einer ehrfurchtgebietenden Hingabe erfüllt wird.

Was sind wohl unsere persönlichen Pflichten, was können wir beitragen zur Erhaltung der Ordnung des Ganzen, zur Natur allen Lebens?

Kabbalisieren der Lebenspflichten — (Koeffizient 61)

Allgemeines

Die Pflichten eines Menschen lassen sich errechnen, indem man zum kabbalistischen Zahlenwert seines normalerweise in der Öffentlichkeit geführten Namen einen Koeffizienten*, eine Schlüsselzahl addiert.

System:

Zum kabbalistischen Zahlenwert des Namens wird der *Koeffizient 61* addiert und das Ergebnis wie bekannt kabbalisiert.

Beispiel:	MAHATMA GANDHI	86
	Koeffizient 61	+ 61
		= 147 — 12 : 9 + 1 = 16

Die Pflichten von Mohandas Karamchand, genannt Mahatma Gandhi, bestanden darin, durch Hingabe, Opfer und Verzicht einzuwirken auf Unmenschlichkeit, Haß, Gewalt und Chaos.

Besonderes:

— Ist der Koeffizient identisch mit dem kabbalistischen Zahlenwert des Namens, so wird der Namensträger seine Pflichten entweder extrem vernachlässigen oder geradezu fanatisch erfüllen wollen. Dies gilt für alle Bereiche, bei denen Namenszahl und Koeffizient übereinstimmen.

---

*) Alle in diesem Buch vorgestellten Koeffizienten dienen dem Kabbalisieren eines bestimmten Kriteriums oder eines bestimmten Lebensbereiches. Da eine Rückführung des jeweiligen Begriffes in Buchstaben in jedem anderssprachigen Land zu anderslautenden Ergebnissen führen würde, sind die Koeffizienten so entwickelt, daß sie international angewandt werden können.

Beispiele: Lebenspflichten

			WODURCH		*WELCHE PFLICHTEN ZU ERFÜLLEN SIND*
ELISABETH					
KÜBLER-ROSS	=	212			
Koeffizient 61	+	61			
	=	273	Quersumme		
			12 : 9 + 1	=	3
			Hingabe,		Friedenstätigkeit,
			Opfer, Verzicht		Verbindungen/
			Gemeinschafts-		Kontakte;
			arbeit		Intervenieren
			(Dr. Elisabeth Kübler-Ross ist Ärztin und Sterbeforscherin)		
EDITH STEIN	=	100			
Koeffizient 61	+	61			
	=	161	Quersumme		
			8 : 9 + 1	=	18
			Gesetz		Konfrontation
					von Unrecht,
					Ungerechtigkeit,
					Gefahr
			(Edith Stein, Tochter eines jüdischen Kaufmanns, wurde, vermutlich im KZ Auschwitz, ermordet. 1942 galt dies als ‚gesetzlich').		
JESUS	=	63			
Koeffizient 61	+	61			
	=	124	Quersumme		

			WODURCH		*WELCHE PFLICHTEN ZU ERFÜLLEN SIND*
			7 : 9 + 1	=	14
			Überwinden, Sieg		Vorbildlichkeit (Man denke aber auch an die 14 Leidensstationen J. C.)
AMNESTY INTER-NATIONAL	=	208			
Koeffizient 61	+	61			
	=	269	Quersumme		
			17 : 9*	=	10
			Festigkeit, Idealismus, Nächstenliebe		Reformieren, Veränderung, neues Bewußtsein schaffen

(*) Bei Begriffen entfällt der Personenfaktor)

Kabbalistische Definitionen: Lebenspflichten

WODURCH

1 Initiative, Konzentration
2 Kreativität, Wissen
3 Kommunikation, Vernunft, Frieden
4 Handeln, Arbeit
5 Dienen, Helfen, Heilen; Kosmische Einflüsse
6 Prüfen, Prüfungen, Forschung
7 Überwinden, Sieg
8 Gesetz, Gerechtigkeit, Ordnung
9 Lebensklugheit, Bildung, Takt
10 Veränderung, Unabhängigkeit
11 Spiritualität, Intuition, Medialität; Künstlerische Tätigkeit
12 Hingabe, Opfer, Verzicht; Gemeinschaftsarbeit, Partnerschaft
13 Sublimieren; Höheres Wissen
14 Disziplin, Pionierarbeit, Vorbildlichkeit
15 Beeinflussung, Ausstrahlung, Kompetenz, Macht

WELCHE PFLICHTEN ZU ERFÜLLEN SIND

1 Kräftemessen, Willensbehauptung, Durchsetzen konstruktiver Ideen
2 Wissensbildung, Talentnutzung, Entwicklung von Fertigkeiten
3 Friedenstätigkeit; Verbindungen/Kontakte, Intervenieren
4 Entscheiden und Handeln; Arbeit
5 Dienen; Helfen; Heilen; geistliche Tätigkeit
6 Entdeckung, Erfindung, Aufklärung
7 Unterordnung; Besiegen von Fehlern, Versuchungen, Süchten
8 Rechts-, Ordnungs-, Gesundheitswesen
9 Weisheitsfindung, Weisheit-Lehren
10 Reformieren, Veränderung, neues Bewußtsein schaffen
11 Spiritualität, Medialität; Künstlertum

WODURCH

16 Problemkonfrontation, Lern- oder Lehraufgaben

17 Wahrhaftigkeit, Festigkeit; Idealismus, Nächstenliebe; Beistand aus der geistigen Welt

18 Unrecht, Ungerechtigkeit, Gefahr oder Krankheit

19 Harmonie, Nächstenliebe, Vermitteln von Freude

20 Déjà-vu-Erlebnisse, Wiederbegegnungen, geistiges Erwachen

21 Erfolg, Karriere

22 Außersinnliche Wahrnehmung, Träume; Illusionen und Mißerfolge

Notieren Sie bitte Ihr persönliches Ergebnis und den Q-Faktor im Karmagramm Seite 180/181.

WELCHE PFLICHTEN ZU ERFÜLLEN SIND

12 Hingabe an Partnerschaft oder Gemeinschaft; Geben

13 Umgang mit Abschied, Tod, Transformation; Neubeginn

14 Pionierarbeit; Vorbildlichkeit

15 Beeinflussung, Wirken

16 Charakterstärkung in Extremsituationen; Lernprozesse

17 Wahrhaftigkeit, Glaubensentwicklung, Vermitteln von Wahrheit und Glauben

18 Konfrontation von Unrecht, Ungerechtigkeit, Gefahr und Krankheit

19 Harmonie, Nächstenliebe, Vermitteln von Freude und Lebensmut

20 Geistiges Erwachen; Ausgleich bei Wiederbegegnungen

21 Erfolg, um andere daran teilhaben zu lassen; Vermitteln positiver Gedanken und Energien

22 Konfrontation von Irrtümern, Illusionen, Mißerfolgen

9. Kapitel

Partnerschaft — Wie wir mit anderen harmonieren

Wenn wir die Gefühlsebene der Neutralität verlassen und einem Menschen mehr entgegenbringen als Gleichgültigkeit, so können wir davon ausgehen, ihm in einem früheren Leben schon begegnet zu sein. Jede Verbindung entsteht durch karmische Verbundenheit. Je enger wir nun mit dem anderen verbunden waren, desto stärker ist auch die geistige Prägung, ist auch der ‚Eindruck' in unserer Seele — von uns erfahren als Liebe auf den ersten Blick, spontane Zuneigung oder auch Ablehnung. Ist unser ‚Eindruck' in der Seele weniger stark ausgeprägt, so muß sich die Emotion neu entwickeln; allmählich wachsen Zuneigung oder Ablehnung, wandelt sich also die Beziehung. Ebenso mag es geschehen, daß wir unseren ersten Eindruck korrigieren müssen, weil der andere wirklich ein Anderer geworden ist. Immer aber, selbst dann, hat die Wiederbegegnung einen tiefen Sinn: immer haben wir eine Aufgabe im Leben des anderen wie er in unserem. So sind ‚bestimmte' Menschen auch dann füreinander bestimmt, wenn ihr gemeinsamer Weg nur kurze Zeit währt; vielleicht ist sie dann schon erfüllt, die Aufgabe.

Wie der Name uns bestimmt war und gleichsam unsere Bestimmung nennt, so geben die Namen zweier Menschen Auskunft über deren gemeinsame Bestimmung, die Aufgabe am Nächsten und die Bindungstendenz. Wir können uns das Wissen darüber zugänglich machen, wo es Übereinstimmung oder Ergänzung, wo es Annäherung oder Gegensätze gibt. Diese tiefe Erfahrung läßt uns ein inniges Verständnis füreinander entwickeln; endlich lernen wir einander kennen. Und einen Menschen zu kennen, heißt, ihn zu lieben.

Kabbalisieren der Partnerschaft

Allgemeines:
Wie das Leben des Menschen sich durch Kabbalisieren seines Namens offenbart, so erfahren wir durch Kabbalisieren der Namen beider Partner (vgl. Seite 22) Sinn und Ziel der Partnerschaft — und weit mehr noch.
Durch zusätzliche Addition kabbalistischer Koeffizienten, die international angewandt werden können, ersehen wir, welche karmische Aufgabe partnerschaftlich von uns zu lösen ist und ob eine definitive Bindung zustande kommen und ob sie aufrecht erhalten werden kann; darüber hinaus können wir feststellen, inwieweit Übereinstimmung oder Ergänzung oder Gegensätzlichkeit besteht.

System:

Sinn und Ziel der Partnerschaft
erfahren wir durch Addition der Namen beider Partner, anschließendes Kabbalisieren wie bekannt und Hinzurechnen des *Personenfaktors 2* (+ 2).

Pflichten der Partnerschaft
erfahren wir durch Namensaddition plus Addition des *Koeffizienten 61,* Kabbalisieren und Hinzurechnen des Personenfaktors 2.

Bindungstendenz der Partnerschaft
erfahren wir durch Namensaddition plus Addition des *Koeffizienten 18,* Kabbalisieren und Hinzurechnen des Personenfaktors 2.

Wollen beider Partner
erfahren wir durch Namensaddition und der hieraus errechneten *Quadratwurzel* (vgl. S. 43 / Besonderes). Addition des Personenfaktors entfällt.

Wesenskern der Partnerschaft
erfahren wir durch Addition der ‚Kernzahlen' beider Partner, wobei ggf. zu unterscheiden ist zwischen *Namenskern* und

Geburtskern (vgl. S. 62 / Besonderes). Addition des Personenfaktors entfällt.

Denken als Partner
erfahren wir durch Addition der Buchstabenwerte *rechts* des *Namens*kerns beider Partner; ggf. gilt die Quersumme. Addition des Personenfaktors entfällt.

Handeln als Partner
erfahren wir durch Addition der Buchstabenwerte *links* des *Namens*kerns beider Partner; ggf. gilt die Quersumme. Addition des Personenfaktors entfällt.

Ruf der Partnerschaft
erfahren wir durch Addition der Buchstabenwerte der *Vokale* beider Namen; ggf. gilt die Quersumme. Addition des Personenfaktors entfällt.

Wünsche, Hoffnungen als Partner
erfahren wir durch die Addition der Buchstabenwerte der *Konsonanten* beider Namen; ggf. gilt die Quersumme. Addition des Personenfaktors entfällt.

Beispiel:

Sinn und Ziel der Partnerschaft

SIGMUND FREUD = 123
ALFRED ADLER = 101
= 224 — 8 : 9 = 24 + 2 = 26 = **8**/
Gesundheit durch kosmische Ordnung

Pflichten der Partnerschaft
224 + Koeffizient 61 = 285
285 — 15 : 9 + 2 = 32 = **5**/Hilfe, Heilen durch entsprechenden Wirkungskreis

Bindungstendenz der Partnerschaft
224 + Koeffizient 18 = 242
242 — 8 : 9 + 2 = 28 = **10**/Trennung und Neubeginn; (s. Interpretation)

Wollen beider Partner
224 $\sqrt{\ }$ = 14,9 = **15**/Einfluß, Wirkung

Wesenskern der Partnerschaft
SIGMU**N**D FREUD ALFRE**D** ADLER
18 + 4 = **22**/Träume; Genialität

Denken als Partner
SIGMUND **F**REUD ALFRED **A**DLER
17 + 1 = **18**/Auseinandersetzung mit Unrichtigem, Egozentrik, Destruktivität, Krankheit

Handeln als Partner
SIGM**U**ND FREUD ALFR**E**D ADLER
6 + 5 = **11**/Sensitiv, spirituell, intuitiv

Ruf der Partnerschaft
SIGMUND FREUD ALFRED ADLER
10, 6, 5, 6, 1, 5, 1, 5 = 39 = **12**/Aufopfernd, pflichterfüllend; übereinstimmend

Wünsche, Hoffnungen als Partner
SIGMUND FREUD ALFRED ADLER
21, 3, 13, 14, 4, 17, 20, 4 12, 17, 20, 4, 4, 12, 20 = 185 = **14**/ Pioniergeist, Vorbildlichkeit

Interpretation:

Sigmund Freud, Psychiater, Traumanalytiker und Begründer der Psychoanalyse.
Alfred Adler, Arzt und Tiefenpsychologe.
Schüler Freuds, der sich von ihm aber löste und die Individualpsychologie entwickelte.
Der Sinn ihrer zeitweiligen Zusammenarbeit war auf die Gesundheit gerichtet, ihr beider Wollen auf Einfluß und Wirkung ‚im Sinne' der Gesundheit des Menschen. Im Kern waren sie beide befaßt mit der Traumanalyse; im Kern suchten sie beide Genialität. Ihr beider Denken war beeinflußt durch den Umgang mit seelisch Kranken, ihr beider Handeln sensitiv, spirituell und intuitiv richtig. Ihr gemeinsames Wirken stand im Ruf der aufopfernden Pflichterfüllung. Was sie wünschten, hofften, spiegelt sich wider in Pioniergeist und Vorbildlichkeit.

Besonderes:
— Bei Ergebnissen über 22 gilt deren Quersumme.
— Die Partnerzahlen 5, 6, 9, 10, 11, 13, 16, 18 weisen auf Probleme. Wenn sie bereits in der Quersumme, dem auf die Partnerschaft also wirkenden Einfluß, erscheinen, ist die Verbindung im allgemeinen nicht von Dauer.

Beispiele: Partnerschaft

	THE BEATLES
Ziel	$82 - 10 : 9 \underline{+\ 4} = 12$/ Hingabefähigkeit; Erfüllen einer karmischen Aufgabe; Übereinstimmung
Pflichten	$82 + 61 = 143 - 8 : 9 \underline{+\ 4} = 19$/ Glück, Freude, Harmonie
Bindungstendenz	$82 + 18 = 100 - 1 : 9 \underline{+\ 4} = 15$/ Macht, Wirkung, starke gegenseitige Anziehung
Wollen	$82 \sqrt{}\ 9{,}0 = 9$/Bildung, Kultur
Wesenskern	6/Aufklärung; Sexualität
Denken	9/Bildung, Kultur; Vorsicht vor Intrigen
Handeln	2/Studien, Kreativität
Ruf	16/Probleme, Schwierigkeiten (mit der Gruppe)
Wünsche, Hoffnungen	66 = 12/Hingabe, Aufopferung, Erfüllen einer karmischen Aufgabe; Übereinstimmung (in der Gruppe)
	The Beatles: PAUL McCARTNEY GEORGE HARRISON JOHN LENNON RINGO STARR
Ziel	$549 - 18 : 9 \underline{+\ 4} = 9$/ Bildung, Kultur; Vorsicht vor Intrigen

Pflichten	$549 + 61 = 610 - 7 : 9 \underline{+\ 4} = 71 = 8/$ inneres Gleichgewicht, kosmische Ordnung; Übereinstimmung
Bindungstendenz	$549 + 18 = 567 - 18 : 9 \underline{+\ 4} = 11/$ Künstlerische Ambitionen
Wollen	$549 \sqrt{\ } = 23 = 5/$ Hilfe, Heilsames, Religion; Liebe
Kern	47 = 11/Künstlerische Ambitionen
Denken	44 = 8/Kosmische Ordnung, inneres Gleichgewicht; Übereinstimmung
Handeln	6/Aufklärung; Sexualität
Ruf	130 = 4/Handlung, Impulse, Arbeit, Öffentlichkeit
Wünsche	419 = 14/Verständnis, Pionierarbeit, Vorbildlichkeit

Partner-Diagramm
„The Beatles"

Horizontal-Analyse

	1	2	3	4	5	6	7	8	9	10	11	12	13	14	15	16	17	18	19	20	21	22
Ziel										0		X										
Pflichten								0											X			
Bindungstendenz	0														X							
Wollen									X													
Wesenskern						X																
Denken									X													
Handeln		X																				
Ruf																X						
Wünsche/Hoffn.												X										

Partner-Diagramm
1. Paul McCartney
2. George Harrison
3. John Lennon
4. Ringo Starr (Richard Starkey)

Horizontal-Analyse

	1	2	3	4	5	6	7	8	9	10	11	12	13	14	15	16	17	18	19	20	21	22
Ziel									X									0				
Pflichten							0	X														
Bindungstendenz											X							0				
Wollen					X																	
Wesenskern											X											
Denken								X														
Handeln						X																
Ruf				X																		
Wünsche/Hoffn.														X								

Partner-Diagramm
„The Beatles“

Vertikal-Analyse

	1	2	3	4	5	6	7	8	9	10	11	12	13	14	15	16	17	18	19	20	21	22
Ziel										0		X										
Pflichten								0											X			
Bindungstendenz	0														X							
Wollen									X													
Wesenskern						X																
Denken									X													
Handeln		X																				
Ruf																X						
Wünsche/Hoffn.												X										

Partner-Diagramm
1. Paul McCartney
2. George Harrison
3. John Lennon
4. Ringo Starr (Richard Starkey)

Vertikal-Analyse

	1	2	3	4	5	6	7	8	9	10	11	12	13	14	15	16	17	18	19	20	21	22
Ziel									X									0				
Pflichten							0	X														
Bindungstendenz											X							0				
Wollen					X																	
Wesenskern											X											
Denken								X														
Handeln						X																
Ruf				X																		
Wünsche/Hoffn.														X								

Interpretationen:

Die Beatgruppe aus Liverpool gilt als eine der kreativsten Kräfte der Popszene der 60er Jahre; die Musikkultur der 2. Hälfte des 20. Jahrhunderts wurde nachhaltig durch ihre Songs beeinflußt — fast 250 Millionen verkaufte Schallplatten: yeah!, welch ein Erfolg![8)]

Als Pop-Gruppe war das karmische *Ziel:* Erfüllen einer Aufgabe in der Welt; von Paul, George, John und Ringo persönlich verstanden als Kulturauftrag. Die *Pflichten* des Quartetts bestanden folglich darin, Harmonie untereinander zu pflegen, und dies kostete die Vier bekanntermaßen oft einiges an Überwindung und Beherrschung. Die *Bindungstendenz* war entsprechend divergierend: als Gruppe war man sich seiner Wirkung durch die Arbeit in der Öffentlichkeit bewußt, persönlich war Übereinstimmung zeitweilig nur auf die künstlerischen Ambitionen gerichtet. Das *Wollen* orientierte sich bei der Gruppe am „Kulturereignis Beatles", und dies beinahe unisono mit den privat verwurzelten Absichten, durch die Musik Liebe zu geben und Lebenskraft. Im *Kern* plädierten The Beatles für Freiheit und Aufklärung, die persönlich aber den Rahmen der künstlerischen Ambitionen offenbar nicht sprengen konnte — doch stop!, Ringo, der bürgerlich Richard Starkey hieß, verändert mit diesem Namen ja die Kern-Aussage: also alles okay, auch privat Freiheit und Aufklärung. Das *Denken* folgte ebenfalls der Gruppenparole Kultur, auch menschlich betrachtet, also keine Alibifunktion. Ihr *Handeln* war intensives Proben, Einstudieren, Entwicklung von Neuem; Kreativität in Hochform. Persönliches Ziel auch hier: Aufklärung. Die Beatles standen im *Ruf,* gruppenintern Probleme zu haben, persönlich aber wurden sie geliebt und verehrt: sie gaben der Welt Impulse.
Als Gruppe haben sie sich wohl identifiziert mit ihrem Ziel, eine Aufgabe in der Welt zu erfüllen, zumindest im ‚Gruppen-Unterbewußtsein' stand dies außer Frage. Persönliche *Wünsche, Hoffnungen* mögen gewesen sein: Verständnis füreinander zu schaffen, Pionierarbeit zu leisten und, last but not least, Vorbild zu sein, ein Idol.

Als John Lennon The Beatles verlassen hatte, änderte sich überdies das Ziel: Trennung und Neubeginn hieß es. Und auch die anderen Faktoren änderten sich, denn die Bestimmung war nun eine andere geworden.
Die Details sind nachzulesen z. B. im Rock-Lexikon — oder ganz einfach in den Kabbalistischen Definitionen; leicht können wir uns ausrechnen, was kommen mußte.

Ihr persönliches Partner-Diagramm

Partner-Diagramm*

Horizontal-Analyse

	SÄEN											ERNTEN										
	1	2	3	4	5	6	7	8	9	10	11	12	13	14	15	16	17	18	19	20	21	22
Ziel																						
Pflichten																						
Bindungstendenz																						
Wollen																						
Wesenskern																						
Denken																						
Handeln																						
Ruf																						
Wünsche/Hoffn.																						

Partner-Diagramm*

Vertikal-Analyse

	SÄEN											ERNTEN										
	1	2	3	4	5	6	7	8	9	10	11	12	13	14	15	16	17	18	19	20	21	22
Ziel																						
Pflichten																						
Bindungstendenz																						
Wollen																						
Wesenskern																						
Denken																						
Handeln																						
Ruf																						
Wünsche/Hoffn.																						

*) **Eintragung:**

Alle Ergebnisse werden im Diagramm am Schnittpunkt von Stichwort und Zahl eingetragen. Zahlenwerte über 22 werden auf ihre Quersumme reduziert.

— der *Q-Faktor* (Auslöse-/Einflußfaktor) wird durch einen *Kreis* (o) gekennzeichnet.

— das *Ergebnis* wird mit einem *Kreuz* eingetragen.

— Ist *kein Q-Faktor* vorhanden, wird *lediglich* das *Ergebnis angekreuzt.*

— Sind *Q-Faktor und Ergebnis identisch,* wird *in* den zuerst eingetragenen *Kreis ein Kreuz* eingezeichnet (⊗).

Lesen:

Horizontal, also von links nach rechts gelesen, ergibt sich eine Übersicht, wodurch (Q-Faktor) welche Ergebnisse zu erreichen oder zu erwarten sind.

Vertikal, also von oben nach unten gelesen, erhalten Sie einen Überblick, welche Bereiche durch gleiche Konstellation miteinander verbunden sind, und wo ggf. eine Hemmung vorliegt oder eine Änderung zu erwarten ist.

Kabbalistische Definitionen: Partnerschaft

1 Zusammenwollen/Verbindungswille, Energie, Kraft, Prinzipien

2 Einanderstudieren, Einanderbewußtsein, Kreativitätsentfaltung

3 Gemeinsamkeiten, Verständigung, Hilfsbereitschaft, Freundschaft, Engagement, Sozialinteressen

4 Zusammenarbeit, Kollegialität; Entscheidungen, Öffentlichkeit

5 Liebe in platonischer Verbindung, ansonsten Problemtendenz; Edelmut, Charakter, Stil, Niveau

6 Partnererforschung, Sexualität; Prüfungen

7 Gemeinsamkeit macht stark: Überwindung und Durchstehvermögen; Verzeihen

8 Verbindung in/nach kosmischer Ordnung, inneres Gleichgewicht, Übereinstimmung

9 Höflichkeit, Takt, Diplomatie, Kopfpartnerschaft oder intellektuelle Bindung; Vorsicht vor Intrigen

10 Veränderung, Wechsel, Tendenz zur Unabhängigkeit; Trennung oder Neubeginn

11 Beeinflußbarkeit durch Dritte, Übersensibilität, Empfindlichkeit; Mißverständnisse, Irrtümer

12 Hingabefähigkeit, Aufopferung für den anderen, Verantwortung, Treue; ideale Übereinstimmung

13 Persönlichkeitstransformation bei einem der beiden Partner, Geheimnisse, Krise, Abschied, Tod; Sublimierung der Beziehung oder Trennung

14 Zusammenraufen, Verständnisentwicklung, Kämpfen für die Partnerschaft, Finden ungewöhnlicher Lösungen; Vorbildlichkeit

15 Starke physische oder psychische Anziehung, Kompetenz, Macht

16 Probleme, Schwierigkeiten, Hindernisse, Chaos, Katastrophen, Leid, Konkurs, Extremsituationen; psychische Belastungen, Lernprozesse; Einweihungsweg

17 Aufrichtigkeit, Güte, Herzlichkeit, Idealismus, Nächstenliebe; Beistand aus der geistigen Welt

18 Konfrontation von Unrichtigem, Unwahrheit, Unrecht, Gefahr oder Krankheit; keine Übereinstimmung oder Gefahr für die Partnerschaft

19 Glück, Freude, Lachen, Harmonie und Dankbarkeit in der Partnerschaft

20 Karmische Wiederbegegnung, gemeinsamer geistiger Fortschritt

21 Chancen, Resonanz, Erfolg, Ansehen; Nachwuchs/Expansion; Positives

22 Illusionen, Träume, Phantasie. Entweder flüchtige Beziehung oder „traumhaftes" Miteinander, sozusagen in einer eigenen Welt miteinander lebend

Notieren Sie bitte das jeweilig Ergebnis und den dazugehörigen Q-Faktor im Partner-Diagramm Seite 114 und separat das (gemeinsame) ‚Partnerziel' und Ihre persönliche ‚Bindungstendenz' im Karmagramm Seite 180/181.

10. Kapitel

Beruf — Welche Möglichkeiten sich uns bieten

Sein waches Interesse galt den Problemen, die andere für unlösbar hielten, und so engagierte er sich für die Wiederherstellung der kosmischen Ordnung im Leben vieler Menschen, kümmerte sich um ihre Gesundung, half, wo er konnte. Er war vielseitig in seinen Möglichkeiten, wechselte den Beruf, entdeckte seine Neigung, alte Berufe vergangener Lebenszeit wieder auszuüben, wobei seine Bereitschaft, Schwierigkeiten zu konfrontieren, ihn auch hier leitete und ihn eine tiefe Freude in seinem Beruf erleben ließ. Sein Erfolg beruhte auf seiner analytischen Fähigkeit, die ihn heranführte an intuitives Erkennen und an eine von Ethik getragene Spiritualität; neben all dem war ihm ein künstlerisches Talent zu eigen.
Dieser Mann war Albert Schweitzer.
Der evangelische Theologe, Kulturphilosoph und Musiker, der mit Passion Orgel spielte, war nicht nur der Missionsarzt von Lambarene.
Zu seiner Berufung gehörten Vortragsreisen ebenso wie seine schriftstellerische Tätigkeit, und seine Bedeutung als Musiker erlangte Schweitzer durch seine stilgerechte Interpretation von Johann Sebastian Bach's Werk und ganzer Persönlichkeit, jedoch auch durch seine Reform im Orgelbau. Er wußte die Vielzahl seiner Möglichkeiten zu nutzen und miteinander in Einklang zu bringen; jede Gabe wurde ihm Aufgabe.

Jeder hat eine ganz bestimmte Berufung im Leben, und so er sie findet und annimmt, wird er erfolgreich sein. Dies ist ein kosmisches Gesetz. Wenn wir uns also hingezogen fühlen zu einem

Beruf, so will unsere Seele uns den Weg weisen und zugleich ebnen; wenn wir auf äußere Hemmnisse in unserem Beruf stoßen oder gezwungen sind, unseren Beruf zu wechseln, so ist auch dies eine Information und eine direkte Hilfe auf unserem Weg; alles geschieht zu unserem Besten. Wir müssen nur den Ruf vernehmen, der uns von unserer Berufung kündet.
Was will ich? Was kann ich? Was kann ich werden? Auf diese existentiellen Fragen gibt unser Karma Antwort — und wenn wir vielleicht zur Zeit ohne Arbeit sind, so können wir erkennen, warum.

Kabbalisieren der Berufsaussichten (Verschiedene Koeffizienten)

Allgemeines:
Durch zusätzlich zu addierende kabbalistische Koeffizienten, die international angewandt werden können, erfahren wir, welche Interessen und Neigungen ein Mensch hat, welche Studien vorteilhaft für ihn sein können, durch welche Kriterien er in welche Berufsrichtung tendiert, wie er seinen Beruf ausüben wird, ob und wodurch er mit Erfolg rechnen kann, wie seine wirtschaftlichen Verhältnisse zu bewerten sind und ob er für eine beruflich selbständige, unternehmerische Position geschaffen ist.

Durch aufmerksame Interpretation aller zusammenwirkenden Faktoren läßt sich auch erhellen, inwieweit jemand ggf. seinem Erfolg selbst im Weg steht, ob ein Berufswechsel angezeigt oder eine Verlagerung der Interessen zu erwarten ist.

System:
Zu dem normalerweise in der Öffentlichkeit geführten Namen wird der jeweilige Koeffizient addiert und das Ergebnis dann wie bekannt kabbalisiert. International gilt folgender

Zahlenschlüssel

Koeffizient	*erschließt Bereich*
38	Interessen, Neigungen
69	Studiengebiete
50	Berufung
47	Berufsverhalten
73	Chancen, Aufstiegsmöglichkeiten
63	Finanzen/Materie
137	Unabhängigkeit
Berufsbezeichnung	Koeffizient wird hier der kabbalistische Zahlenwert der konkreten Berufsbezeichnung nach Abschluß von Studium, Ausbildung usw. (nicht: Medizinstu-

dentin, sondern: Ärztin; nicht: Jurastudent, sondern: Rechtsanwalt/Richter; nicht: Friseurgeselle/Friseurmeister, sondern: Friseur).

Beispiele: ALBERT SCHWEITZER = 131
Berufung = 50

181

181 — 10 : 9 + 1 = 20/

Deutungsergebnis: o10 = x20

Interpretation: Durch Wechsel (des Berufes) und durchgeführte Reformen Tätigkeit, die in einem früheren Leben schon einmal (in adäquater Weise) ausgeübt wurde.

ALBERT SCHWEITZER = 131
ARZT (= 37) = 37

168

168 — 15 : 9 + 1 = 18

Deutungsergebnis: o15 = x18

Interpretation: Durch kompetentes Wirken in diesem Beruf (verstärkt, da im eigenen kabbalistischen Bezugsfeld) Konfrontation mit Gefahr und Krankheit.

Besonderes:

— Bei kabbalisierten Ergebnissen über 22 gilt deren Quersumme.

— Ist die Namenszahl mit einem Koeffizienten identisch, so liegt meist eine Hemmung für den betreffenden Bereich vor. (Menschen mit der Namenszahl 137 z. B. sollten bei Unternehmensgründung oder freischaffender Tätigkeit vorsichtig sein)

— Da hier Namen und Begriffe in Kombination sind, ist u. U. eine Begriffswandlung (vgl. S. 23) erforderlich.

Beispiele: Berufsaussichten

ALBERT SCHWEITZER

Interessen, Neigungen	Namenszahl 131 Koeffizient 38 169 — 16 : 9 + 1 = 18	
	Deutungsergebnis: o16 = x18	
	Interpretation:	Durch Lernprozesse und die Bereitschaft, Probleme zu konfrontieren, Interesse an Einsatz in Katastrophengebiet
Studiengebiete	Namenszahl 131 Koeffizient 69 200 — 2 : 9 + 1 = 5	
	Deutungsergebnis: o2 = x5	
	Interpretation:	Durch Wissensbildung Prädestination zum Arzt, Heiler, Theologe, Diener. (Bei Albert Schweitzer treffen alle Berufe zu, wie man weiß)
Berufung	Namenszahl 131 Koeffizient 50 181 — 10 : 9 + 1 = 20	
	Deutungsergebnis: o10 = x20	
	Interpretation:	Durch Wechsel und Reformen Tätigkeit, die in einem früheren Leben schon einmal ausgeübt wurde; Erfüllen einer Mission.

Berufsverhalten

Namenszahl 131
Koeffizient 47
178 — 16 : 9 + 1 = 19

Deutungsergebnis: o16 = x19

Interpretation: Durch Anpacken von Problemen und Lernprozesse Retter vieler Menschen, ein Beruf, der Albert Schweitzer Freude macht, ihn ausfüllt.

Chancen, Aufstieg

Namenszahl 131
Koeffizient 73
204 — 6 : 9 + 1 = 5

Deutungsergebnis: o6 = x5

Interpretation: Durch Forschung und Wissen Erfolg als Arzt, Heiler, Seelsorger (Theologe)

Finanzen

Namenszahl 131
Koeffizient 63
194 — 14 : 9 + 1 = 21

Deutungsergebnis: o14 = x21

Interpretation: Durch Disziplin (Albert Schweitzer finanzierte sein Tropen-Hospital in Lambarene u. a. durch Vortragsreisen und schriftstellerische Tätigkeit) war die finanzielle Lage den Umständen entsprechend positiv.

Unab- hängigkeit	Namenszahl 131 Koeffizient 137	
	268 — 16 : 9 + 1 = 11	
	Deutungsergebnis: o16 = x11	
	Interpretation:	Durch Lernen und in gewisser Weise auch Einweihung Eignung zum Esoteriker und Künstler. Albert Schweitzer galt als genialer Bach-Interpret (vgl. S. 119).
Konkreter Beruf: Arzt (= 37)	Namenszahl 131 Koeffizient 37	
	168 — 15 : 9 + 1 = 18	
	Deutungsergebnis: x15 = x18	
	Interpretation:	Durch seine besondere Ausstrahlung und Kompetenz als Arzt auch einsetzbar in Gefahrenbereichen

Berufs-Diagramm von ALBERT SCHWEITZER

Horizontal-Analyse

	SÄEN											ERNTEN										
	1	2	3	4	5	6	7	8	9	10	11	12	13	14	15	16	17	18	19	20	21	22
Interessen																0		X				
Studiengebiete		0			X																	
Berufung										0										X		
Berufsverhalten																0			X			
Chancen, Aufstieg					X	0																
Finanzen/Materie														0							X	
Unabhängigkeit											X					0						
Eignung als Arzt															0			X				

Berufs-Diagramm von ALBERT SCHWEITZER

Vertikal-Analyse

	SÄEN											ERNTEN										
	1	2	3	4	5	6	7	8	9	10	11	12	13	14	15	16	17	18	19	20	21	22
Interessen																0		X				
Studiengebiete		0			X																	
Berufung										0										X		
Berufsverhalten																0			X			
Chancen, Aufstieg					X	0																
Finanzen/Materie														0							X	
Unabhängigkeit											X					0						
Eignung als Arzt															0			X				

Im Diagramm sehen wir, daß der Aspekt 5/Dienen, Helfen, Heilen die Studiengebiete Albert Schweitzer's repräsentiert und diese idealerweise übereinstimmen mit seinen Erfolgsmöglichkeiten. Mit dem Aspekt 16/Probleme wird deutlich, daß Albert Schweitzer sich interessiert für Probleme, während seiner Berufsausübung damit konfrontiert wird und der Aspekt darüberhinaus auch seine berufliche Unabhängigkeit tangiert. Welche Probleme Schweitzer interessierten wird deutlich mit Aspekt 18/Gefahr, Krankheit — und dies gerade prädestiniert ihn, wie wir sehen können, als Arzt.

Ihr persönliches Berufs-Diagramm

Horizontal-Analyse

Berufs-Diagramm*)	SÄEN											ERNTEN										
	1	2	3	4	5	6	7	8	9	10	11	12	13	14	15	16	17	18	19	20	21	22
Interessen																						
Studiengebiete																						
Berufung																						
Berufsverhalten																						
Chancen, Aufstieg																						
Finanzen/Materie																						
Unabhängigkeit																						
Konkreter Beruf																						

Ihr persönliches Berufs-Diagramm

Vertikal-Analyse

Berufs-Diagramm*)	SÄEN											ERNTEN										
	1	2	3	4	5	6	7	8	9	10	11	12	13	14	15	16	17	18	19	20	21	22
Interessen																						
Studiengebiete																						
Berufung																						
Berufsverhalten																						
Chancen, Aufstieg																						
Finanzen/Materie																						
Unabhängigkeit																						
Konkreter Beruf																						

*) Alle Ergebnisse werden im Diagramm am Schnittpunkt von Stichwort und Zahl eingetragen. Zahlenwerte über 22 werden auf ihre Quersumme reduziert.

— der *Q-Faktor* (Auslöse-/Einflußfaktor) wird durch einen *Kreis* (o) gekennzeichnet.
— das *Ergebnis* wird mit einem *Kreuz* eingetragen.
— Ist *kein Q-Faktor* vorhanden, wird *lediglich* das *Ergebnis angekreuzt.*
— Sind *Q-Faktor und Ergebnis identisch,* wird *in* den zuerst eingetragenen *Kreis ein Kreuz* eingezeichnet (⊗).

Lesen:

Horizontal, also von links nach rechts gelesen, ergibt sich eine Übersicht, wodurch (Q-Faktor) welche Ergebnisse zu erreichen oder zu erwarten sind.
Vertikal, also von oben nach unten gelesen, erhalten Sie einen Überblick, welche Bereiche durch gleiche Konstellation miteinander verbunden sind und wo ggf. eine Hemmung vorliegt oder eine Änderung zu erwarten ist.

Kabbalistische Definitionen: Berufsaussichten

(Die 2. = rechte Spalte ist lediglich für die Berufsrichtung maßgeblich, für alle anderen Kriterien ist bitte die 1. = linke Spalte zu konsultieren).

	WODURCH	*WELCHE BERUFSAUSSICHTEN BESTEHEN*)*
1	Initiative, Energie, Aktivität	Meinungsbildner, Führungskraft
2	Wissen, Intellekt, Kreativität, Studien	Gelehrter, Wissenschaftler, Publizist/Journalist, Schriftsteller; Verleger, Buchhändler
3	Kommunikation, Gemeinschaft, Gesellschaft, soziales Engagement	Vermittler, Schiedsmann; Sozialarbeiter; Gruppenleiter; Gesellschafter, Teilhaber; Gastronom; Publikumskontaktberufe
4	Spontaneität, Impulse, Handeln, Arbeit; Entscheidung; Öffentlichkeit	Handel, Handwerk; Arbeiter
5	Dienen, Helfen, Heilen; Herkunft; Sensibilität, Liebe	Arzt, Heiler; Geistlicher; Diener
6	Prüfung, Forschung, Kritik, Analyse	Prüfer, Forscher, Erfinder, Kritiker, Analytiker, Aufklärer, Psychologe
7	Sieg, Gewinn, Überwindung; Beherrschung; Verzeihen; Strategie, Durchstehvermögen, Überlegenheit	Wettkampfberufe, Wettbewerbsberufe; Planer, Sanierer; Börsenmakler
8	Kosmische Ordnung, Recht und Ordnung, Loyalität, Fairneß, inneres Gleichgewicht, Gesundheit	Richter, Rechtsanwalt, Ordnungshüter; Gesundheitsberater, Krankenschwester
9	Weisheit, Lebensklugheit, Herzensbildung, Takt, Diplomatie, Kultur	

WODURCH

10 Wechsel, Veränderung, Übergang, Nebenberuf; Innovation, Reform, Neubeginn; Reisen; Unabhängigkeit

11 Intuition, Erkenntnis, Sensitivität; künstlerische Tendenzen

12 Karmische Aufgabe, Verzicht, Aufopferung, Pflichterfüllung; Gemeinschaft, Gesellschaft

13 Höheres Wissen, Transformation, Umwandlung; Abschied

14 Disziplin, Lernen, Kampf, Verständnis, Pionierarbeit, Vorbildlichkeit

15 Ausstrahlung, Anziehungskraft, Kompetenz, Macht, Beeinflussung

16 Probleme, Schwierigkeiten, Katastrophen, Lernprozesse; Einweihung

17 Aufrichtigkeit, Idealismus, Güte, Herzlichkeit; Beistand aus der geistigen Welt

18 Unrecht, Egoismus, Gefahr, Krankheit

WELCHE BERUFSAUSSICHTEN BESTEHEN)*

9 Philosoph, Diplomat, Bibliothekar, Bildungsberufe, Kulturberufe, Berater

10 Reformer, Politiker; Reisender

11 Esoteriker, Parapsychologe; Medium; Künstler

12 Missionar, Legionär, Sozialarbeiter, Bewährungshelfer; Publikumskontaktberufe

13 Goldschmied, Töpfer; Hebamme, Bestatter; Okkultist

14 Pionier, Abenteurer, Archäologe, Entdecker; Vorbild/Idol; Sportler

15 Hypnotiseur, Reinkarnationstherapeut; Redner, Entertainer; Werbefachmann; Machtposition

16 Spiritueller Lehrer, Lebensberater

17 Ehrenamtliche Tätigkeiten; Historiker; Vertrauensstellungen

18 Staatsanwalt, Kriminalbeamter, Detektiv; Unfalldienst, Feuerwehr, Katastrophenschutz; Epidemie-Einsatz

WODURCH	*WELCHE BERUFSAUSSICHTEN BESTEHEN*)*
19 Glück, Freude, Harmonie, Positives Denken	19 Clown, Komiker; Spiele-Konzeptionist, Designer, Modeschöpfer; Musiker, Maler; Retter
20 Schlüsselerlebnis, Wiederbegegnung, geistiger Fortschritt	20 Geistige Berufe, Erfüllen einer Mission; Wiederaufnahme eines Berufes aus einem früheren Leben (In dieser Sonderkonstellation wird der Mensch an seinen ihm bestimmten Beruf herangeführt).
21 Erfolg, Expansion; Ansehen, Resonanz	21 Prominentenkonstellation; Karriereberufe; Ansehen und Ehre
22 Phantasie, Träume; Illusionen; Nostradamismus, Außersinnliche Wahrnehmung; Genialität	22 Traumdeuter, Hellseher; Science fiction-Autor; Genie durch Astralbeistand und präinkarnativ erworbene Fähigkeiten

Notieren Sie bitte das jeweilige Ergebnis und den dazugehörigen Q-Faktor im Berufs-Diagramm Seite 128 und separat Ergebnis und Q-Faktor im Karmagramm Seite 180/181.

*) Verwandte Berufe oder Berufsbereiche sind ebenfalls zu berücksichtigen.

11. Kapitel

Kindheit, Jugend, Reife, Alter und eine Formel für diese Zeit — Wie wir uns entwickeln

Wenn wir beobachten, wie sich unser Leben Schritt für Schritt wandelt, so begreifen wir, Schritt für Schritt, wie eine Entwicklung stattfindet und gleichsam damit auch, daß es ein Konzept für uns gegeben haben muß, einen Plan; daß wir Teil der Schöpfung sind; daß alles im Leben seine Zeit hat.

Der Mensch ist ein Teil der Natur, und er ist wie sie. Kindheit und Jugend sind wie Frühling und Sommer. Reife und Alter sind wie Herbst und Winter. Doch wie wird ein Mensch knospen und blühen, wie seine volle Pracht entfalten, und wie wird er sein, bevor er das Winterkleid seines Lebens ablegt bis zum nächsten Knospen?
Wie werden sie sein, die vier Jahreszeiten, in denen wir wachsen und werden, Jahr für Jahr und immer aufs neue?

Der Mensch ist, wie alle Schöpfung, eingebunden in ein Naturgesetz, und das kann naturgemäß nur lauten: Entwicklung. Und alle Entwicklung folgt dem Prinzip der Kausalität. Auf Ursache folgt Wirkung. Auf Frühling folgt Sommer folgt Herbst folgt Winter. Auch hier gibt es ein Säen und ein Ernten, gibt es Karma. Durchaus nicht zu verstehen als Last oder gar Strafe, sondern als ein Naturgesetz, das die Entwicklung hervorbringt. Es ist pures Leben! Und genauso, wie wir mit der Benennung der Jahreszeit auch schon ihre Bestimmung kennen, genauso liegt im Namen des Menschen, der ja dessen Bestimmung in sich birgt, auch seine

Entwicklung begründet. Genauso, wie jeder Baum in der Natur unterschiedlich auf die Jahreszeiten reagiert, genauso reagiert jeder Mensch in jedem Lebensabschnitt anders. Da aber alles im Leben miteinander verbunden, da „alles in allem“ ist, gibt es eine Unendlichkeit der Wechselbeziehungen. Gäbe es hier keine göttliche Ordnung, wir hätten ein höllisches Chaos. Doch beweist uns gerade das Chaos in unseren persönlichen Belangen, daß diese göttliche Ordnung existiert, und daß sie re-agiert, wenn wir uns über sie hinwegsetzen. Es muß also eine Formel geben, nach der sich alles homogen entwickelt, logisch, nachvollziehbar, geordnet — KARMA. In der deutschen Sprache gibt es unzufällig ein Wort mit dem gleichen kabbalistischen Zahlenwert: WARUM.

Wir können aufgrund des alles ordnenden Karma nun die vier Jahreszeiten unseres heutigen Lebens betrachten, und wir können fragen: ‚WARUM?‘

Kabbalisieren von Kindheit, Jugend, Reife, Alter

Allgemeines:
Durch zusätzlich zu addierende kabbalistische Koeffizienten, die international angewandt werden können, erfahren wir, welche Aspekte unsere einzelnen Lebenssituationen bestimmen — und eine unser ganzes Sein und Werden leitende Lebensformel!

System:
Zu dem zum Zeitpunkt des betreffenden Lebensabschnittes normalerweise in der Öffentlichkeit geführten Namen wird der jeweilige Koeffizient addiert und das Ergebnis dann wie bekannt kabbalisiert. International gilt folgender

Zahlenschlüssel

Koeffizient	*erschließt den Lebensabschnitt*
90	Kindheit
88	Jugend
65	Reifejahre
64	Alter
46	Lebensformel

Beispiel:

SHIRLEY BEATY	= 102
Kindheit	= 90
	192 — 12 : 9 + 1 = 21

Deutungsergebnis: o12 = x21
Interpretation: Durch hingebungsvolle Pflichterfüllung Erfolg.

SHIRLEY BEATY = 102
Jugend = 88

190 — 10 : 9 + 1 = 21

Deutungsergebnis: o10 = x21

Interpretation: Durch Wechsel und Umbruch Ansehen und Erfolg.
Der Umbruch im Leben von Shirley Beaty war beruflich vorprogrammiert, und einen Wechsel gab es ebenfalls — den Namenswechsel:

SHIRLEY MacLAINE = 142
Jugend = 88

230 — 5 : 9 + 1 = 26 = 8

Deutungsergebnis: o5 = x8

Interpretation: Durch Charakter und Religio entwickelt Shirley MacLaine ein Gespür für kosmische Ordnung und Gesetzmäßigkeit; bald wird sie es anwenden.

SHIRLEY MacLAINE = 142
Reifejahre = 65

207 — 9 : 9 + 1 = 23 = 5

Deutungsergebnis: o9 = x5

Interpretation: Durch Philosophieren lernte sie, die Frage nach dem Sinn des Seins zu stellen und wandte sich sensiblen Gebieten wie Grenzwissenschaften und Spiritualität zu, worüber sie Bücher schrieb, die Bestseller wurden.

SHIRLEY MacLAINE = 142
Alter = 64

206 — 8 : 9 + 1 = 23 = 5

Deutungsergebnis:	o8 = x5
Interpretation:	Durch Vertiefung der kosmischen Ordnung in ihrem Leben, von Jugend an entwickelt, wird Shirley MacLaine für viele Menschen sehr heilsam und ihnen durch ihr eigenes inneres Gleichgewicht eine wertvolle Hilfe sein. ‚Das Mädchen Irma la Douce', die Broadway-Tänzerin und Schauspielerin Shirley MacLaine, heute Bestseller-Autorin esoterischer Bücher, politisch für einige Minderheiten engagiert, hat als Lebensformel, durch Wahrhaftigkeit und Idealismus eine Mission zu erfüllen in diesem Leben.

Besonderes:

— Bei kabbalistischen Ergebnissen über 22 gilt deren Quersumme.

— Ist die Namenszahl mit einem Koeffizienten identisch, so liegt meist eine Hemmung für den betreffenden Lebensabschnitt vor; (Menschen mit der Namenszahl 90 z.B. werden u. U. in ihrer Kindheit besonders viel Liebe und Zuwendung brauchen).

— Ist die Namenszahl identisch mit der Lebensformel, so kann es sich um einen Menschen mit besonders ausgeprägter spirituell-reformatorischer Intention handeln; Näheres sagen die übrigen Karmazahlen.

— Da hier Namen und Begriffe in Kombination sind, ist u. U. eine Begriffswandlung (vgl. S 23) erforderlich.

Beispiele: Kindheit, Jugend, Reife, Alter und Lebensformel

GAUTAMA BUDDHA

Kindheit
Namenszahl 59
Koeffizient 90

149 — 14 : 9 + 1 = 16

Deutungsergebnis: o14 = x16

Interpretation: Durch Disziplin, Pioniergeist, Vorbildlichkeit, Eingeweihtwerden

Jugend
Namenszahl 59
Koeffizient 88

147 — 12 : 9 + 1 = 16

Deutungsergebnis: o12 = x16

Interpretation: Durch Hingabe an die Erfüllung seiner karmischen Aufgabe weiteres Eingeweihtwerden.

Reifejahre
Namenszahl 59
Koeffizient 65

124 — 7 : 9 + 1 = 14

Deutungsergebnis: o7 = x14

Interpretation: Durch Selbstüberwindung / Beherrschung Erreichen von Vorbildlichkeit, wie auch schon in seiner Kindheit karmisch angelegt: mit 29 Jahren, also im Reifeabschnitt seines Lebens, zog sich Buddha aus dem weltlichen Leben zurück und begann ein asketisch geführtes Wanderleben.

Alter

Namenszahl	59	
Koeffizient	64	
	123	— 6 : 9 + 1 = 14

Deutungsergebnis: o6 = x14

Interpretation: Durch Aufklärung — Buddha erlangte im Alter Erleuchtung — wurde er zu einem Leitbild, das bis in unsere Tage hinein Verehrung findet.

Lebensformel

Namenszahl	59	
Koeffizient	46	
	105	— 6 : 9 + 1 = 12

Deutungsergebnis: o6 = x12

Interpretation: Durch Aufklärung Erfüllen einer karmischen Aufgabe.

Entwicklungs-Diagramm von GAUTAMA BUDDHA

Horizontal-Analyse

	SÄEN										ERNTEN											
	1	2	3	4	5	6	7	8	9	10	11	12	13	14	15	16	17	18	19	20	21	22
Kindheit														0		X						
Jugend												0				X						
Reifejahre							0							X								
Alter						0								X								
LEBENSFORMEL						0						X										

Vertikal-Analyse

	SÄEN											ERNTEN										
	1	2	3	4	5	6	7	8	9	10	11	12	13	14	15	16	17	18	19	20	21	22
Kindheit														0		X						
Jugend												0				X						
Reifejahre							0							X								
Alter						0								X								
LEBENSFORMEL						0						X										

Ihr persönliches Entwicklungs-Diagramm

Horizontal-Analyse

Entwicklungs-Diagramm*)	SÄEN											ERNTEN										
	1	2	3	4	5	6	7	8	9	10	11	12	13	14	15	16	17	18	19	20	21	22
Kindheit																						
Jugend																						
Reifejahre																						
Alter																						
LEBENSFORMEL																						

Vertikal-Analyse

Entwicklungs-Diagramm*)	SÄEN											ERNTEN										
	1	2	3	4	5	6	7	8	9	10	11	12	13	14	15	16	17	18	19	20	21	22
Kindheit																						
Jugend																						
Reifejahre																						
Alter																						
LEBENSFORMEL																						

*) Alle Ergebnisse werden im Diagramm am Schnittpunkt von Stichwort und Zahl eingetragen. Zahlenwerte über 22 werden auf ihre Quersumme reduziert.

— der Q-Faktor (Auslöse-/Einflußfaktor) wird durch einen *Kreis* (o) gekennzeichnet,

— das *Ergebnis* wird mit einem *Kreuz* eingetragen.

— Ist *kein Q-Faktor* vorhanden, wird *lediglich* das *Ergebnis angekreuzt.*

— Sind *Q-Faktor und Ergebnis identisch,* wird *in* den zuerst eingetragenen *Kreis ein Kreuz* eingezeichnet (⊗).

Lesen:

Horizontal, also von links nach rechts gelesen, ergibt sich eine Übersicht, wodurch (Q-Faktor) welche Ergebnisse zu erreichen oder zu erwarten sind.

Vertikal, also von oben nach unten gelesen, erhalten Sie einen Überblick, welche Bereiche durch gleiche Konstellation miteinander verbunden sind und wo ggf. eine Hemmung vorliegt oder eine Änderung zu erwarten ist.

Kabbalistische Definitionen: Kindheit, Jugend, Reife, Alter und Lebensformel

	WODURCH		*WELCHE ENTWICKLUNG ERREICHT WIRD*
1	Wille, Kraft, Energie	1	Selbstbehauptung, Realisation von Zielen
2	Wissen, Studien, Intellekt, Kreativität	2	Wissensbildung, Wissensanwendung, Bewußtseinsentwicklung
3	Kommunikation, Frieden, Gemeinschaft, Soziales Engagement	3	Verständigung, Frieden, Gemeinschaft
4	Handlung, Arbeit, Impuls, Öffentlichkeit	4	Arbeit, Öffentlichkeit; Entscheidungsauslösung
5	Hilfe, Heilung, Religion, Liebe	5	Hilfestellung, Heilen, Heilsames, Christlichkeit; Sinn des Lebens
6	Analyse, Aufklärung, Forschung	6	Forschung, Aufklärung
7	Sieg, Überwindung, Selbstüberwindung, Beherrschung	7	Sieg, Verzeihung, Durchstehvermögen, Überlegenheit; Überwinden
8	Gerechtigkeit, Recht, kosmische Ordnung, Fairneß, Gesundheit	8	Kosmische Ordnung, Gerechtigkeit, Gesundheit
9	Weisheit, Philosophie, Nachdenken, Diplomatie, Kultur	9	Weisheit, Herzensbildung, Takt, Kultur
10	Veränderung, Wechsel, Innovation, Neues, Loslösung, Unabhängigkeit	10	Reform, Umbruch; Neubeginn; Übergang, Unabhängigkeit, Loslösung

	WODURCH		*WELCHE ENTWICKLUNG ERREICHT WIRD*
11	Spiritualität, Intuition; Medialität; Künstlerische Ambitionen/Fähigkeiten	11	Spiritualisierung, Erkenntnis, Künstlertum
12	Hingabe, Aufopferung, Erfüllen einer karmischen Aufgabe, Verzicht	12	Erfüllen einer karmischen Aufgabe, Pflichtgefühl, Verantwortung
13	Höheres Wissen, Umwandlung, Transformation, Abschied; Krise	13	Höheres Wissen, Transformation, Neubeginn
14	Disziplin, Verständnis, Kampf, Pionierarbeit, Vorbildlichkeit	14	Pioniergeist; Vorbild
15	Beeinflussung/Einfluß, Ausstrahlung, Kompetenz, Macht	15	Einfluß, Kompetenz, Macht
16	Probleme, Schwierigkeiten, Lernprozesse, Einweihungsweg	16	Einweihung oder Eingeweihtwerden; Lebenskünstler
17	Aufrichtigkeit, Güte, Herzlichkeit, Wärme, Idealismus; Beistand aus der geistigen Welt	17	Wahrhaftigkeit, Idealismus, Nächstenliebe; Beistand aus der geistigen Welt
18	Unrecht, Gefahr, Krankheit, Sucht	18	Konfrontation oder Umwandlung von Unrecht, Gefahr, Krankheit, Sucht
19	Glück, Freude, Harmonie, positive Lebensumstände	19	Glück, Freude, Harmonie; positive Lebensumstände
20	Geistiger Fortschritt, Wiederbegegnung; besondere Erdenmission	20	Geistiger Fortschritt, Wiederbegegnung; besondere Erdenmission
21	Erfolg, Ansehen, Positives	21	Erfolg, Ruhm, Ansehen, Resonanz

WODURCH	*WELCHE ENTWICKLUNG ERREICHT WIRD*
22 Wunschträume, Phantasie; Visionen, Nostradamismus; Genialität	22 Traumerfüllung, Extravaganz; Außersinnliche Wahrnehmung, Genialität

> Notieren Sie bitte das jeweilige Ergebnis in der entsprechenden Rubrik im Entwicklungs-Diagramm Seite 141 und separat die Ergebnisse im Karmagramm Seite 180/181.

12. Kapitel

DAS KARMAGRAMM — Eine umfassende Lebensübersicht

Bisher haben wir Ausschnitte gesehen aus unserem Lebensbild, Mosaiksteine eines geheimnisvollen Ganzen. Nun können wir sie zusammenfügen und das Bild runden. Und wir können sehen!

Wir sehen, wie alles mit allem verbunden ist, welche unserer Eigenschaften einander berühren, in welchem Lebensabschnitt welche Dinge eine Rolle spielen, ob unser Denken und Handeln einander sehr widersprechen, welche Faktoren sich ändern werden, wie unsere Pflichten uns helfen wollen, wodurch unsere Wünsche und Hoffnungen zu erfüllen wären, welche Aspekte latent in unserem Leben wirken und welche verstärkt. Wir können sehen, wie wir unserer Lebensformel folgen und ob sie unseren Beruf tangiert oder unsere Partnerschaft oder einen anderen Lebensbereich; und immer sehen wir, daß ein roter Faden durch unser Leben führt und — wann wir säen und wann wir ernten.

Stufe für Stufe gehen wir unserer Einweihung entgegen und erleben sie als karmische Herausforderung: jede nun mögliche Deutung wird Handlungen leiten. Umso mehr, als die gegebenen Definitionen Raum für freie Assoziationen lassen. Karmisch ist es nicht verantwortbar, wenn Sie eine fertige Kompakt-Analyse erhalten, auf daß Sie nur noch abwarten, daß Ihr Leben sich auch danach verhält. Sie selbst sind der Interpret Ihres Lebens, der beste. Ihr Name, das ausgesprochene Geheimnis, wird einiges sehr wohl unausgesprochen lassen; es genügt, wenn Sie es sind, der eine Übersicht über Ihr Leben hat — in dem Maß, in dem es karmisch vertretbar ist.

Fallstudie Rudolf Steiner

> „Wir finden die karmische Gesetzmäßigkeit überall in der Welt, sofern wir diese Welt als eine geistige betrachten. Wir ahnen, daß sich das Karma auf den verschiedensten Gebieten in der verschiedensten Weise offenbaren wird. Und wir ahnen, wie die verschiedenen karmischen Strömungen — persönliches Karma, Menschheitskarma, Erdenkarma, Weltenkarma — sich kreuzen, und daß gerade dadurch die Aufschlüsse werden, die wir brauchen, um das Leben zu verstehen.“[9]
>
> Rudolf Steiner

Rudolf Steiner (1861-1925), österr. Anthroposoph, studierte Mathematik und Naturwissenschaft, Literatur, Philosophie und Geschichte. Hinzu kam ein grundlegendes Goethe-Studium. Danach erste schriftstellerische Tätigkeit, Mitarbeit am Goethe- und Schiller-Archiv, Promotion zum Doktor der Philosophie und schließlich auf Einladung der Theosophischen Gesellschaft Beginn seiner anthroposophischen Vortragstätigkeit. Als 1913 *Jiddu Krishnamurti* zum neuen Weltlehrer ausgerufen wird, kommt es zum Konflikt mit den Theosophen. *Steiner* trennt sich von der Theosophischen und gründet die Anthroposophische Gesellschaft, zusammen mit seiner zweiten Frau, Marie Steiner, geb. Sivers. In Dornach bei Basel gründet *Steiner* das Goetheaneum. Er ist Begründer der Waldorf-Pädagogik (Waldorfschule) und begründete heilpädagogische Therapieformen. *Rudolf Steiner* engagierte sich für die holistische Deutung aller Bereiche des Lebens.[10] [11] [12] [13]
Die Gesamtausgabe seiner Werke, etwa Mitte der 90er Jahre fertiggestellt, wird ohne Ergänzungslieferungen rund 350 Bände umfassen.[14]

Betrachten wir nun das Karmagramm von Rudolf Steiner.

RUDOLF STEINER im KARMAGRAMM

Horizontal-Analyse

Rudolf Steiner		SÄEN											ERNTEN										
		1	2	3	4	5	6	7	8	9	10	11	12	13	14	15	16	17	18	19	20	21	22
Anlagen Struktur	Wurzel u. Wollen													X									
	Lebensziel															0		X					
	Lebensweg											0		X									
	Wesenskern																					X	
	Denken									X													
	Handeln																	X					
	Naturell								X														
	Ruf						X																
	Wünsche, Hoffen									X													
	Pflichten				0			X															
Partner-schaft	Partnerschaftsziel						X							0									
	Bindungstendenz															0					X		
Berufs-aus-sichten	Interessen																	0				X	
	Studien							X					0										
	Beruf(ung)					X						0											
	Berufsverhalten					X			0														
	Chancen, Aufstieg							0	X														
	Finanzen/Materie						0	X															
	Unabhängigkeit					X												0					
Lebens-Ent-wicklung	Kindheit									X						0							
	Jugend									X				0									
	Reifejahre							X	0														
	Alter							X0															
	LEBENSFORMEL					X		0															

Horizontal-Interpretation

Wurzel und Wollen	**x 13**	
	Neuorientierung, Höheres Wissen	
Lebensziel	**o15/x17**	
	Durch Kompetenz Einfluß bei Vermittlung von Wahrheit und Glauben	
Lebensweg	**o11/x13**	
	Durch Spiritualität und Intuition Erlangung von Höherem Wissen	
Wesenskern	**x21**	
	Erfolg, Aufstieg im geistigen Sinne	
Denken	**x9**	
	klug, philosophisch	
Handeln	**x17**	
	aufrichtig, ehrlich, gläubig, herzlich, idealistisch	
Naturell	**x8**	
	gerecht, der kosmischen Ordnung verbunden	
Wünsche, Hoffen	**x9**	
	Erlangen von Weisheit, Lebensklugheit, Kultur	
Pflichten	**o4/x7**	
	Durch Engagement Besiegen von menschlichem Fehlverhalten	
Partnerschaftsziel	**o13/x6**	
	Durch Sublimierung und Höheres Wissen tiefes Analysieren und gegenseitiges Verstehen	
Bindungstendenz	**o15/x20**	
	Durch gemeinsames Wirken geistiger Fortschritt; im übrigen karmische Wiederbegegnung	

Interessen	**o17/x21** Idealismus, Güte und Aufrichtigkeit sollen zu Karriere, zu Ansehen und Ehre führen
Studien	**o12/x7** Durch den Kontakt zu Menschen und das Studieren ihrer Lebensbedingungen Entwicklung einer spirituellen Strategie, die auf Resonanz trifft
Beruf(ung)	**o11/x5** Durch Spiritualität Prädestination zu religiös orientiertem Beruf im (karmischen) Sinne des Dienens und Helfens
Berufsverhalten	**o8/x5** Durch rechtes, der kosmischen Ordnung entsprechendes Verhalten Erfüllung in einem Beruf, der Dienen und Helfen zum Ziel hat
Chancen, Aufstieg	**o7/x8** Selbstüberwindung und Überlegenheit beeinflussen die Chancen in allen Bereichen, die der kosmischen Ordnung entsprechen
Finanzen/Materie	**o6/x7** Durch kritisch-vernünftige Einstellung zu allen pekuniären Fragen erzielt der einstige Mathematik-Student Gewinne, die er zu verwalten versteht
Unabhängigkeit	**o17/x5** Durch Idealismus wird Unabhängigkeit in einem Beruf erreicht, der Dienen und Helfen als Ziel hat
Kindheit	**o15/x9** Die Kindheit wirkt auf Rudolf Steiner, prägt ihn zu einem philosophischen Charakter
Jugend	**o13/x9** Früh befaßt sich Steiner mit Höherem Wissen und bildet sich in den philosophischen Wissenschaften weiter

Reifejahre	**o8/x7** Durch kosmische Ordnung überwindet Steiner (z. B. das Renkontre mit den Theosophen, als er 1912 Krishnamurti zum neuen Weltlehrer ausrief und schließlich die Anthroposophische Gesellschaft gründete
Alter	**⊗7** Durchstehen und Siegen, lautet die — hier verstärkte — Maxime Steiners, der sein Leben stets beherrscht hat
Lebensformel	**o7/x5** Durch stete Selbstüberwindung geeignet sein zum Dienen und Helfen

RUDOLF STEINER im KARMAGRAMM

Vertikal-Analyse

Rudolf Steiner		SÄEN											ERNTEN										
		1	2	3	4	5	6	7	8	9	10	11	12	13	14	15	16	17	18	19	20	21	22
Anlagen Struktur	Wurzel u. Wollen													X									
	Lebensziel															0		X					
	Lebensweg											0		X									
	Wesenskern																					X	
	Denken									X													
	Handeln																	X					
	Naturell								X														
	Ruf						X																
	Wünsche, Hoffen									X													
	Pflichten				0			X															
Partnerschaft	Partnerschaftsziel						X							0									
	Bindungstendenz															0					X		
Berufsaussichten	Interessen																	0				X	
	Studien							X					0										
	Beruf(ung)					X						0											
	Berufsverhalten					X			0														
	Chancen, Aufstieg							0	X														
	Finanzen/Materie						0	X															
	Unabhängigkeit					X												0					
Lebens-Entwicklung	Kindheit									X						0							
	Jugend									X				0									
	Reifejahre							X	0														
	Alter							X 0															
	LEBENSFORMEL					X		0															

Vertikal — Interpretation

1 **Energie, Wille, Initiative**
2 **Wissen, Kreativität, Studien**
3 **Gemeinschaft, Kommunikation**

neutral wirkend auf
ALLE LEBENSBEREICHE

Interpretation:
Alle diese Faktoren wirken durchgängig im Leben Rudolf Steiners, als neutrale Unterstützung der stärker ausgeprägten und miteinander verbundenen Bereiche

4 **Handlung, Engagement, Öffentlichkeit**

verstärkt wirkend auf
PFLICHTEN

Interpretation:
Ein erster Hinweis, daß Steiner sein Gedankengut engagiert und vor allem in der Öffentlichkeit vertreten soll.

5 **Religio(n), Dienen, Helfen, Heilsames**

verstärkt wirkend und miteinander verbindend:
BERUF(UNG)
BERUFSVERHALTEN
UNABHÄNGIGKEIT
LEBENSFORMEL

Interpretation:
Die Faktoren führen Steiner zu seinem Beruf/seiner Berufung und lassen ihn hier auch seine entsprechenden Eigenschaften anwenden; sie geben ihm (berufliche) Unabhängigkeit und entsprechen einem von den beiden Aspekten seiner Lebensformel

6 **Prüfung, Analyse, Forschung**

verstärkt wirkend und miteinander verbindend:
RUF
PARTNERSCHAFTSZIEL
FINANZEN

Interpretation:
Steiner genießt den Ruf eines Wissenschaftlers; durch seinen Beruf lernt er seine zweite Frau kennen, mit der zusammen er die Anthroposophische Gesellschaft in Deutschland (be)gründet; sein Ruf, die Verbindung der beruflichen mit den privaten Intentionen und nicht zuletzt sicher auch seine einstigen Studien der Mathematik wirken sich auf die Finanzen Steiners aus.

7 Selbst-Überwindung, Sieg, Überlegenheit

verstärkt wirkend und miteinander verbindend:
PFLICHTEN
STUDIEN
CHANCEN, AUFSTIEG
FINANZEN
REIFEJAHRE
ALTER
LEBENSFORMEL

Interpretation:
Hier zeigt sich, daß die Pflichten mit Bravour gelöst werden, auch die Studien erfolgreich sind, Aufstiegschancen bestehen, die finanzielle Situation positiv ist, und zwar verstärkt vom Reifeabschnitt des Lebens an bis in Steiners Alter hinein; eine Konstellation, die im übrigen dem zweiten Aspekt der Lebensformel Steiners entspricht.

8 Kosmische Ordnung, Recht, Gesundheit, inneres Gleichgewicht

verstärkt wirkend und miteinander verbindend:

NATURELL
BERUFSVERHALTEN
CHANCEN, AUFSTIEG
REIFEJAHRE

Interpretation:
Das Naturell Steiners will und fördert Kosmische Ordnung, auch in beruflicher Hinsicht; hierdurch hat er Erfolg, verstärkt im Reifeabschnitt seines Lebens.

9 Philosophie, Bildung, Weisheit

verstärkt wirkend und miteinander verbindend:
DENKEN
WÜNSCHE, HOFFNUNGEN
KINDHEIT
JUGEND

Interpretation:
Während Steiners Kindheit und Jugendzeit prägt sich seine Neigung zur Philosophie, die sein Denken bestimmt und ihn den Wunsch entwickeln läßt und die Hoffnung, eine gewisse Lebensklugheit oder auch Weisheit zu erlangen

10 Veränderung, Wechsel, Reform, Unabhängigkeit, Aufbruch

neutral wirkend auf
ALLE LEBENSBEREICHE

Interpretation:
Alle diese Faktoren wirken durchgängig im Leben Rudolf Steiners, als neutrale Unterstützung der stärker ausgeprägten und miteinander verbundenen Bereiche.

11 Spiritualität, Erkenntnis, Esoterik

verstärkt wirkend und miteinander verbindend:
LEBENSWEG
BERUF(UNG)

Interpretation:
Steiners Lebensweg und Beruf(ung) sind bekanntermaßen die Spiritualität, Erkenntnis, Esoterik

12 Karmische Aufgabe, Hingabe, Pflichterfüllung

verstärkt wirkend auf
STUDIEN

Interpretation:
Die Studiengebiete Steiners (Mathematik, Naturwissenschaft, Literatur, Philosophie, Geschichte und auch das grundlegende Goethe-Studium) erweisen sich hier als karmische Weg-Bereiter für Rudolf Steiner.

13 Höheres Wissen, Umwandlung, Sublimierung

verstärkt wirkend und miteinander verbindend:
WURZEL und WOLLEN
LEBENSWEG
PARTNERSCHAFTSZIEL
JUGEND

Interpretation:
Transzendentales, höheres Wissen beschäftigt Steiner von Jugend an und begleitet auch seinen Lebensweg, führt zur Sublimierung in der Partnerschaft und entspricht darüberhinaus seiner Kausalabsicht.

14 Disziplin, Pionierarbeit, Vorbildlichkeit

neutral wirkend auf
ALLE LEBENSBEREICHE

Interpretation:
Alle diese Faktoren wirken durchgängig im Leben Rudolf Steiners, als neutrale Unterstützung der stärker ausgeprägten und miteinander verbundenen Bereiche.

15 Wirken, Einfluß, Kompetenz, Macht

verstärkt wirkend und miteinander verbindend:
LEBENSZIEL
BINDUNGSTENDENZ
KINDHEIT

Interpretation:
Das Kind Rudolf Steiner strahlte eine ungewöhnliche Faszination aus und vermochte es schon früh, Einfluß auf seine Umgebung auszuüben. Durch Kompetenz Einfluß nehmen zu können aber ist das Ziel Steiners — eine Konstellation, die auch zur Ehe mit Marie Sivers geführt haben und die gemeinsame Arbeit gelenkt haben mag.

16 Einweihung, Lernprozeß, Probleme

neutral wirkend auf
ALLE LEBENSBEREICHE

Interpretation:

Alle diese Faktoren wirken durchgängig im Leben Rudolf Steiners, als neutrale Unterstützung der stärker ausgeprägten und miteinander verbundenen Bereiche.

17 Wahrhaftigkeit, Idealismus;
Beistand aus der geistigen Welt

verstärkt wirkend und miteinander verbindend:
LEBENSZIEL
HANDELN
INTERESSEN
UNABHÄNGIGKEIT

Interpretation:
Hoher Idealismus lenkt Interessen wie Handeln Steiners und ist ihm gleichsam Lebensziel. Seine Basis ist Wahrhaftigkeit und sicher auch Beistand aus der geistigen Welt. Und seine

Position, sein beruflicher Status ist in diesem Zusammenhang optimal — Unabhängigkeit.

18 Konfrontation von Unrecht, Gefahr, Unglück

19 Glück, Freude, Harmonie

neutral wirkend auf
ALLE LEBENSBEREICHE

Interpretation:
Alle diese Faktoren wirken durchgängig im Leben Rudolf Steiners, als neutrale Unterstützung der stärker ausgeprägten und miteinander verbundenen Bereiche.

20 Geistiger Fortschritt, Wiederbegegnungen

verstärkt wirkend auf
BINDUNGSTENDENZ

Interpretation:
Steiner fühlt sich allem verbunden, was seinem geistigen Fortschritt dient; die Zusammenarbeit mit seiner zweiten Frau, Marie Steiner geb. Sivers, dient indes nicht nur der geistigen Entwicklung — es ist eine karmische Wiederbegegnung.

21 Erfolg, Ansehen, Ehre, Positives

verstärkt wirkend und miteinander verbindend:
WESENSKERN
INTERESSEN

Interpretation:
Es dient den Interessen und entspricht dem Wesenskern von Rudolf Steiner, daß er zu Erfolg, Ansehen und Ehre gelangt; die Konstellation korrespondiert mit seinen *Pflichten*, engagiert an die Öffentlichkeit zu treten.

22 **Phantasie, Visionen, Genialität**

neutral wirkend auf
ALLE LEBENSBEREICHE

Interpretation:
Alle diese Faktoren wirken durchgängig im Leben Rudolf Steiners, als neutrale Unterstützung der stärker ausgeprägten und miteinander verbundenen Bereiche.

Säen und Ernten im Leben von Rudolf Steiner*)

SÄEN

4 Durch eine Handlung, vielleicht ganz spontan, kann er einem Menschen zur Ernte verhelfen.
(Pflichten)

5 Durch ein tiefes, wissendes Empfinden kann er anderen Hilfe und Kraft auf dem Weg sein.
(Beruf-ung, Berufsverhalten, Unabhängigkeit, Lebensformel)

6 Er prüft, forscht und sät durch seine Erkenntnisse.
(Ruf, Partnerschaftsziel, Finanzen)

7 Der Sieg über sich selbst und/oder andere macht ihn zum Vorbild.
(Pflichten, Studien, Chancen/Aufstieg, Finanzen, Reifejahre, Alter, Lebensformel)

8 Seine Aufgabe liegt darin, anderen durch seinen Einsatz für Recht und (kosmische) Ordnung zu vermitteln, was richtig ist.
(Naturell, Berufsverhalten, Chancen/Aufstieg, Reifejahre)

9 Er kann andere teilhaben lassen an seiner Philosophie, und durch Herzensbildung vermag er ihnen zu helfen, Leid und Sorgen zu bewältigen.
(Denken, Wünsche/Hoffnungen, Kindheit, Jugend)

11 Durch seine Spiritualität bahnt er anderen einen Weg.
(Lebensweg, Beruf-ung)

ERNTEN

12 Er hat eine karmische Aufgabe zu erfüllen, die Hingabe und möglicherweise auch Opfer von ihm verlangt.
(Studien)

13 Er erlebt Abschiede und Wandlungen, doch vermag er es auch, den Phönix der Asche entsteigen zu lassen.
(Wurzel und Wollen, Lebensweg, Partnerschaftsziel, Jugend)

15 Seine Ausstrahlung hilft ihm, Kompetenz und Macht und damit Ziele zu erreichen.
(Lebensziel, Bindungstendenz, Kindheit)

17 Er spürt die Sonne in seinem Leben, erfährt Hoffnung als Energie, Energie als Wahrheit und Wahrheit als seinen Beschützer.
(Lebensziel, Handeln, Interessen, Unabhängigkeit)

20 Karmische Wiederbegegnung, die ihm und/oder dem anderen die Chance zum Ausgleich gibt.

21 Erfolg, den er „verdient" hat – und der sich durch Teilen vermehren wird; wie eine Zelle.

---

*) entsprechend S. 34/35 adaptiert.

Beispiele:
Karmagramm/Säen und Ernten im Karmagramm

Die gleich folgenden Beispiele sind Ihrer persönlichen Interpretation überlassen und auch empfohlen, denn sie fordern und fördern gleichsam Ihre Intuition, vermitteln Ihnen eine umfassende kabbalistische Praxis und ermöglichen es Ihnen damit, tiefer einzudringen in die karmischen Zusammenhänge — in das ausgesprochene Geheimnis der Namen.

Soweit in den Karmagrammen Spalten freigelassen wurden, geschah dies, weil der jeweilige Bereich entweder für eine Interpretation irrelevant oder aber für das Begreifen der im Karmagramm gezeichneten Persönlichkeit irrelevant war.

Die Begriffs-Karmagramme sind eine Anregung, das Wesen der Dinge zu hinterfragen, obwohl ein Kabbalisieren hier nur bedingt und auch nur auf nationaler Ebene sinngebend ist.

ELISABETH KÜBLER-ROSS im KARMAGRAMM

Horizontal-Analyse

Elisabeth Kübler-Ross		SÄEN											ERNTEN										
		1	2	3	4	5	6	7	8	9	10	11	12	13	14	15	16	17	18	19	20	21	22
Anlagen Struktur	Wurzel u. Wollen															X							
	Lebensziel					0	X																
	Lebensweg															0					X		
	Wesenskern											X											
	Denken						X																
	Handeln								X														
	Naturell														X								
	Ruf												X										
	Wünsche, Hoffen											X											
	Pflichten			X									0										
Partnerschaft	Partnerschaftsziel																						
	Bindungstendenz																						
Berufsaussichten	Interessen							0			X												
	Studien				X							0											
	Beruf(ung)										0	X											
	Berufsverhalten										X						0						
	Chancen, Aufstieg				X											0							
	Finanzen/Materie			X											0								
	Unabhängigkeit											X					0						
Lebens-Entwicklung	Kindheit																						
	Jugend																						
	Reifejahre			X													0						
	Alter			X												0							
	LEBENSFORMEL										X					0							

ELISABETH KÜBLER-ROSS
im KARMAGRAMM

Vertikal-Analyse

Elisabeth Kübler-Ross		SÄEN										ERNTEN											
		1	2	3	4	5	6	7	8	9	10	11	12	13	14	15	16	17	18	19	20	21	22
Anlagen Struktur	Wurzel u. Wollen															X							
	Lebensziel					0	X																
	Lebensweg															0					X		
	Wesenskern											X											
	Denken						X																
	Handeln								X														
	Naturell														X								
	Ruf												X										
	Wünsche, Hoffen											X											
	Pflichten			X									0										
Partner-schaft	Partnerschaftsziel																						
	Bindungstendenz																						
Berufs-aus-sichten	Interessen							0			X												
	Studien				X							0											
	Beruf(ung)										0	X											
	Berufsverhalten										X						0						
	Chancen, Aufstieg				X											0							
	Finanzen/Materie			X											0								
	Unabhängigkeit											X					0						
Lebens-Ent-wicklung	Kindheit																						
	Jugend																						
	Reifejahre			X													0						
	Alter			X												0							
	LEBENSFORMEL										X					0							

Säen und Ernten im Karmagramm von Elisabeth Kübler-Ross*)

SÄEN

3
(Pflichten, Finanzen, Reifejahre, Alter)

4
(Studien, Chancen/Aufstieg)

5
(Lebensziel)

6
(Lebensziel, Denken)

7
(Interessen)

8
(Handeln)

10
(Interessen, Beruf-ung, Berufsverhalten, Lebensformel)

11
(Wesenskern; Wünsche, Hoffen, Studien, Beruf-ung, Unabhängigkeit)

ERNTEN

12
(Ruf, Pflichten)

14
(Naturell, Finanzen)

15
(Wurzel und Wollen, Lebensweg, Chancen/Aufstieg, Alter, Lebensformel)

16
(Berufsverhalten, Unabhängigkeit, Reifejahre)

20
(Lebensweg)

---

*) Interpretationen s. S. 34/35.

JEANNE d'ARC im KARMAGRAMM

Horizontal-Analyse

Jeanne d'Arc		SÄEN											ERNTEN										
		1	2	3	4	5	6	7	8	9	10	11	12	13	14	15	16	17	18	19	20	21	22
Anlagen Struktur	Wurzel u. Wollen									X													
	Lebensziel									X				0									
	Lebensweg							X			0												
	Wesenskern																			X			
	Denken				X																		
	Handeln														X								
	Naturell																			X			
	Ruf												X										
	Wünsche, Hoffen										X												
	Pflichten											0					X						
Partnerschaft	Partnerschaftsziel																						
	Bindungstendenz																						
Berufsaussichten	Interessen						0								X								
	Studien										0							X					
	Beruf(ung)									0						X							
	Berufsverhalten						0									X							
	Chancen, Aufstieg														0			X					
	Finanzen/Materie													0			X						
	Unabhängigkeit							0	X														
Lebens-Entwicklung	Kindheit													0						X			
	Jugend											0								X			
	Reifejahre																						
	Alter																						
	LEBENSFORMEL					0										X							

JEANNE d'ARC im KARMAGRAMM

Vertikal-Analyse

Jeanne d'Arc		SÄEN											ERNTEN										
		1	2	3	4	5	6	7	8	9	10	11	12	13	14	15	16	17	18	19	20	21	22
Anlagen Struktur	Wurzel u. Wollen									X													
	Lebensziel									X				0									
	Lebensweg							X			0												
	Wesenskern																			X			
	Denken				X																		
	Handeln														X								
	Naturell																			X			
	Ruf												X										
	Wünsche, Hoffen										X												
	Pflichten											0					X						
Partner-schaft	Partnerschaftsziel																						
	Bindungstendenz																						
Berufs-aus-sichten	Interessen						0								X								
	Studien										0							X					
	Beruf(ung)									0						X							
	Berufsverhalten						0									X							
	Chancen, Aufstieg														0			X					
	Finanzen/Materie													0			X						
	Unabhängigkeit							0	X														
Lebens-Ent-wicklung	Kindheit													0						X			
	Jugend											0								X			
	Reifejahre																						
	Alter																						
	LEBENSFORMEL					0										X							

Säen und Ernten im Karmagramm von Jeanne d'Arc*)

SÄEN	*ERNTEN*
4 (Denken)	12 (Ruf)
5 (Lebensformel)	13 (Lebensziel, Finanzen, Kindheit
6 (Interessen, Berufsverhalten)	14 (Handeln, Interessen, Chancen/Aufstieg)
7 (Lebensweg, Unabhängigkeit)	15 (Beruf-ung, Berufsverhalten, Lebensformel)
8 (Unabhängigkeit)	16 (Pflichten, Finanzen)
9 (Wurzel und Wollen, Lebensziel, Beruf-ung)	17 (Studien, Chancen/Aufstieg)
10 (Lebensweg, Wünsche, Hoffen, Studien)	19 (Wesenskern, Naturell, Kindheit, Jugend)
11 (Pflichten, Jugend)	

---

*) Interpretationen s. S. 34/35.

JOSEPH MURPHY im KARMAGRAMM

Horizontal-Analyse

Joseph Murphy		SÄEN											ERNTEN										
		1	2	3	4	5	6	7	8	9	10	11	12	13	14	15	16	17	18	19	20	21	22
Anlagen Struktur	Wurzel u. Wollen												X										
	Lebensziel									0						X							
	Lebensweg							0						X									
	Wesenskern																					X	
	Denken						X																
	Handeln																	X					
	Naturell					X																	
	Ruf									X													
	Wünsche, Hoffen									X													
	Pflichten																0					X	
Partner-schaft	Partnerschaftsziel																						
	Bindungstendenz																						
Berufs-aus-sichten	Interessen											0								X			
	Studien					X	0																
	Beruf(ung)														0						X		
	Berufsverhalten											0									X		
	Chancen, Aufstieg					X					0												
	Finanzen/Materie																		0			X	
	Unabhängigkeit			X								0											
Lebens-Ent-wicklung	Kindheit							X		0													
	Jugend							X0															
	Reifejahre		0			X																	
	Alter																			0		X	
	LEBENSFORMEL										0										X		

JOSEPH MURPHY im KARMAGRAMM

Vertikal-Analyse

Joseph Murphy		SÄEN											ERNTEN										
		1	2	3	4	5	6	7	8	9	10	11	12	13	14	15	16	17	18	19	20	21	22
Anlagen Struktur	Wurzel u. Wollen												X										
	Lebensziel									0						X							
	Lebensweg							0						X									
	Wesenskern																					X	
	Denken						X																
	Handeln																	X					
	Naturell					X																	
	Ruf									X													
	Wünsche, Hoffen									X													
	Pflichten																0					X	
Partnerschaft	Partnerschaftsziel																						
	Bindungstendenz																						
Berufsaussichten	Interessen											0								X			
	Studien					X	0																
	Beruf(ung)														0						X		
	Berufsverhalten											0									X		
	Chancen, Aufstieg					X					0												
	Finanzen/Materie																		0			X	
	Unabhängigkeit			X								0											
Lebens-Entwicklung	Kindheit							X		0													
	Jugend							X 0															
	Reifejahre		0			X																	
	Alter																			0		X	
	LEBENSFORMEL										0										X		

Säen und Ernten im Karmagramm von JOSEPH MURPHY *)

SÄEN

2
(Reifejahre)

3
(Unabhängigkeit)

5
(Naturell, Studien, Chancen/Aufstieg, Reifejahre)

6
(Denken, Studien)

7
(Lebensweg, Kindheit, Jugend)

9
(Lebensziel, Ruf, Wünsche/Hoffen, Kindheit)

10
(Chancen/Aufstieg, Lebensformel)

11
(Interessen, Berufsverhalten, Unabhängigkeit)

ERNTEN

12
(Wurzel und Wollen)

13
(Lebensweg)

14
(Beruf-ung)

15
(Lebensziel)

16
(Pflichten)

17
(Handeln)

18
(Finanzen/Materie)

19
(Interessen, Alter)

20
(Beruf-ung, Berufsverhalten, Lebensformel)

21
(Wesenskern, Pflichten, Finanzen/Materie, Alter)

---

*) Interpretationen s. S. 34/35.

KARMA im KARMAGRAMM

Horizontal-Analyse

Karma		SÄEN											ERNTEN										
		1	2	3	4	5	6	7	8	9	10	11	12	13	14	15	16	17	18	19	20	21	22
Anlagen Struktur	Wurzel u. Wollen							X															
	Lebensziel				X						0												
	Lebensweg			X				0															
	Wesenskern																				X		
	Denken													X									
	Handeln	X																					
	Naturell														X								
	Ruf		X																				
	Wünsche, Hoffen								X														
	Pflichten								0			X											
Partner-schaft	Partnerschaftsziel																						
	Bindungstendenz																						
Berufs-aus-sichten	Interessen								X				0										
	Studien							0					X										
	Beruf(ung)									X						0							
	Berufsverhalten									X			0										
	Chancen, Aufstieg											0	X										
	Finanzen/Materie																						
	Unabhängigkeit																						
Lebens-Ent-wicklung	Kindheit																						
	Jugend																						
	Reifejahre																						
	Alter																						
	LEBENSFORMEL									X		0											

KARMA im KARMAGRAMM

Vertikal-Analyse

Karma		SÄEN											ERNTEN										
		1	2	3	4	5	6	7	8	9	10	11	12	13	14	15	16	17	18	19	20	21	22
Anlagen Struktur	Wurzel u. Wollen							X															
	Lebensziel				X						0												
	Lebensweg			X				0															
	Wesenskern																				X		
	Denken													X									
	Handeln	X																					
	Naturell														X								
	Ruf		X																				
	Wünsche, Hoffen								X														
	Pflichten								0			X											
Partnerschaft	Partnerschaftsziel																						
	Bindungstendenz																						
Berufsaussichten	Interessen								X				0										
	Studien							0					X										
	Beruf(ung)									X						0							
	Berufsverhalten									X			0										
	Chancen, Aufstieg											0	X										
	Finanzen/Materie																						
	Unabhängigkeit																						
Lebens-Entwicklung	Kindheit																						
	Jugend																						
	Reifejahre																						
	Alter																						
	LEBENSFORMEL									X		0											

Säen und Ernten im Karmagramm von „Karma"*)

SÄEN

1
(Handeln)

2
(Ruf)

3
(Lebensweg)

4
(Lebensziel)

7
(Wurzel und Wollen, Lebensweg, Studien)

8
(Wünsche, Hoffen, Pflichten, Interessen)

9
(Beruf-ung, Berufsverhalten, Lebensformel)

10
(Lebensziel)

11
(Pflichten, Chancen/Aufstieg, Lebensformel)

ERNTEN

12
(Interessen, Studien, Berufsverhalten, Chancen/Aufstieg)

13
(Denken)

14
(Naturell)

15
(Beruf-ung)

20
(Wesenskern)

---

*) Interpretationen s. S. 34/35.

KABBALISTIK im KARMAGRAMM

Horizontal-Analyse

Kabbalistik		SÄEN											ERNTEN										
		1	2	3	4	5	6	7	8	9	10	11	12	13	14	15	16	17	18	19	20	21	22
Anlagen Struktur	Wurzel u. Wollen									X													
	Lebensziel									X0													
	Lebensweg							X							0								
	Wesenskern												X										
	Denken										X												
	Handeln	X																					
	Naturell											X											
	Ruf																						X
	Wünsche, Hoffen														X								
	Pflichten							0									X						
Partner-schaft	Partnerschaftsziel																						
	Bindungstendenz																						
Berufs-aus-sichten	Interessen											0		X									
	Studien															0	X						
	Beruf(ung)				0											X							
	Berufsverhalten											0			X								
	Chancen, Aufstieg										0							X					
	Finanzen/Materie																						
	Unabhängigkeit																						
Lebens-Ent-wicklung	Kindheit																						
	Jugend																						
	Reifejahre																						
	Alter																						
	LEBENSFORMEL										0				X								

KABBALISTIK im KARMAGRAMM

Vertikal-Analyse

Kabbalistik		SÄEN											ERNTEN										
		1	2	3	4	5	6	7	8	9	10	11	12	13	14	15	16	17	18	19	20	21	22
Anlagen Struktur	Wurzel u. Wollen									X													
	Lebensziel									X 0													
	Lebensweg							X							0								
	Wesenskern												X										
	Denken										X												
	Handeln	X																					
	Naturell											X											
	Ruf																						X
	Wünsche, Hoffen														X								
	Pflichten							0									X						
Partner-schaft	Partnerschaftsziel																						
	Bindungstendenz																						
Berufs-aus-sichten	Interessen											0		X									
	Studien															0	X						
	Beruf(ung)				0											X							
	Berufsverhalten											0			X								
	Chancen, Aufstieg										0							X					
	Finanzen/Materie																						
	Unabhängigkeit																						
Lebens-Ent-wicklung	Kindheit																						
	Jugend																						
	Reifejahre																						
	Alter																						
	LEBENSFORMEL										0				X								

Säen und Ernten im Karmagramm von „Kabbalistik“*)

SÄEN

1
(Handeln)

4
(Beruf-ung)

7
(Lebensweg, Pflichten)

9
(Wurzel und Wollen, Lebensziel)

10
(Denken, Chancen/Aufstieg, Lebensformel)

11
(Naturell, Interessen, Berufsverhalten)

ERNTEN

12
(Wesenskern)

13
(Interesse)

14
(Lebensweg, Wünsche, Hoffen, Berufsverhalten, Lebensformel)

15
(Studien, Beruf-ung)

16
(Pflichten, Studien)

17
(Chancen/Aufstieg)

22
(Ruf)

---

*) Interpretationen s. S. 34/35.

Umgang mit dem Karmagramm

Eintragungen:
Die in den vorherigen Kapiteln ausgearbeiteten Ergebnisse werden, soweit im Karmagramm eine Rubrik dafür eingerichtet ist, wie bekannt übertragen:

Alle Ergebnisse werden im Diagramm am Schnittpunkt von Stichwort und Zahl eingetragen. Zahlenwerte über 22 werden auf ihre Quersumme reduziert.

— Der *Q-Faktor* (Auslöse-/Einflußfaktor) wird durch einen *Kreis (0)* gekennzeichnet,
— das *Ergebnis* wird mit einem *Kreuz eingetragen.*
— *Ist kein Q-Faktor* vorhanden, wird *lediglich* das *Ergebnis angekreuzt.*
— Sind *Q-Faktor und Ergebnis identisch,* wird *in* den zuerst eingetragenen *Kreis ein Kreuz* eingezeichnet (⊗).

Die unterschiedlichen Markierungen dienen der schnellen Erfassung von Q-Faktor (Auslöse- oder Einfluß-Faktor), konkretem Ergebnis und verstärktem/übereinstimmendem Ergebnis.

Lesen:

Horizontal-Analyse:
Von links nach rechts lassen sich zeilenweise alle ausgearbeiteten Ergebnisse rekonstruieren und die karmischen Determinanten auf einen Blick erfassen. Außerdem kann ein Überblick gewonnen werden, wo ggf. identische Konstellationen vorliegen, und ob ein Ergebnis dem Bereich Säen oder Ernten zuzuordnen ist.

Beispiel:

Lebensweg	o11 = x21
	(Durch Spiritualität zum Erfolg)
Beruf(ung)	o11 = x21
	(Durch Spiritualität zum Erfolg)

Dieses Ergebnis sagt nicht nur, daß Spiritualtät den Menschen

zum Erfolg führen wird, es weist auch den Lebensbereich aus, den Beruf und in diesem Fall die Berufung.
Weiter erkennen wir, daß die Fähigkeit der Spiritualität zum Säen eingesetzt werden soll in diesem Leben, und der Erfolg als Ernte zu betrachten ist.

Vertikal-Analyse:
Von oben nach unten lassen sich zeilenweise die den kabbalistischen Faktoren zugehörigen Bereiche ermitteln.

— Ist eine Spalte leer, so wirkt der kabbalistische Faktor, der am Kopf der Spalte abzulesen ist, neutral oder latent.
— Ist nur eine Eintragung in der Spalte, so wirkt der betreffende kabbalistische Faktor in seinem Bereich verstärkt, in allen anderen neutral oder latent; bei Kennzeichnung durch ⊗ ist eine Konzentration auf den betreffenden Bereich vorhanden.
— Sind mehrere Eintragungen in einer Spalte, so läßt sich vertikal ablesen, in welchen Bereichen die kabbalistischen Faktoren einander berühren, d. h. wirksam sind oder werden. Auch läßt sich hierdurch ermitteln, ob sie einen bestimmten Lebensabschnitt betreffen oder Erfüller der Lebensformel sind.
Übersichtlicher werden die Zusammenhänge, wenn eine senkrecht eingezeichnete (am besten farbige) Linie alle zusammengehörenden Faktoren miteinander verbindet.

Beispiel:

11/Spiritualität
in den Bereichen
x Handeln
x Beruf(ung)
x Finanzen
x Unabhängigkeit
x Reifejahre
x Alter
x Lebensformel

Dieses Ergebnis sagt, daß der Mensch spirituell tätig ist, hierin seiner Berufung entspricht, seinen Lebensunterhalt dadurch verdienen und beruflich unabhängig/selbständig arbeiten kann vom Reifeabschnitt seines Lebens an bis in sein Alter. Außerdem sehen wir, daß dieses Konzept absolut der Lebensformel entspricht und diese Formel im Bereich des Säens wirksam wird.

Interpretationsvarianten für *alle* Diagramme:

Stichwort-Lesen

Angenommen, Sie möchten wissen, wo/wodurch/in welchem Bereich Sie eine Veränderung zu erwarten haben. Sie suchen in diesem Fall ganz einfach die kabbalistische Entsprechung für Wechsel/Veränderung = die Zahl 10 auf und lesen vertikal, also von oben nach unten, die besetzten Felder. Erscheint z. B. in der Seitenspalte Beruf oder Berufsverhalten unter der Zahl 10 eine Eintragung (Kreis oder Kreuz), so liegt eine karmische Konstellation zum Berufs- oder Stellenwechsel vor.

Ebenso können Sie natürlich fragen, wo Lebenshilfen (5) zu erwarten sind oder Prüfungen (6) oder karmische Wiederbegegnungen (20) oder auch einfach, wo Ihr Erfolg (21) liegt.

Gehen Sie ruhig einmal jedes Diagramm von 1-22 durch, doch resignieren Sie nicht, wenn z. B. unter 5 = Hilfen oder unter 21 = Erfolg keine Eintragungen sind. Hilfe kann Ihnen auch zuteil werden durch z. B. 17 = Idealismus/Beistand aus der geistigen Welt oder durch 19 = Harmonie oder durch 20 = Wiederbegegnung usw. Erfolg kann auch im Gewand von 3 = Partnerschaft oder als 8 = Kosmische Ordnung oder als 15 = Kompetenz in Erscheinung treten. Denken Sie beim Stichwort-Lesen also immer daran, daß Sie in diesem Augenblick nur einen einzigen Aspekt beleuchten.

Labyrinth-Lesen

Die Methode ist nicht gerade erfreulich unkompliziert, es bedarf einiger Übung, sie anzuwenden, und sie ist auch bei den verschiedenen Diagrammen unterschiedlich aufschlußreich; doch nachdem Sie jetzt schon keine Lust mehr darauf haben, möchte ich sie kurz erklären:

Angenommen, Sie möchten aufgrund einer karmischen Konstellation wissen, „wie es weitergeht", wenn Sie einen bestimmten Weg wählen. Sie suchen in diesem Fall im Karmagramm oder im betreffenden Diagramm den Sie interessierenden „Ausgangspunkt" am Schnittpunkt von Stichwort und Zahl auf. Von dort gehen Sie optisch in gerader horizontaler oder vertikaler (niemals aber diagonaler) Linie weiter zur nächsten Eintragung (Kreis oder Kreuz) und von dort dann in nun entweder gerader horizontaler oder vertikaler Linie wieder weiter bis zur nächsterreichbaren Eintragung usw. Oft werden Sie vor der Entscheidung stehen, ob Sie den horizontalen oder vertikalen Verbindungsweg wählen sollen, und oft werden Sie feststellen, daß der eine Weg wirklich „weiterführt", aus dem Labyrinth herausführt, während ein anderer mitten im Diagramm endet; vielleicht aber endet er auch gerade dadurch in einer Antwort auf Ihre Frage, was zu tun, welcher Weg zu gehen ist.

Ihr persönliches Karmagramm*)

Horizontal-Analyse

		SÄEN											ERNTEN										
		1	2	3	4	5	6	7	8	9	10	11	12	13	14	15	16	17	18	19	20	21	22
Anlagen Struktur	Wurzel u. Wollen										X												
	Lebensziel																						
	Lebensweg																						
	Wesenskern																						
	Denken																						
	Handeln																						
	Naturell																						
	Ruf																						
	Wünsche, Hoffen																						
	Pflichten																						
Partnerschaft	Partnerschaftsziel																						
	Bindungstendenz																						
Berufsaussichten	Interessen																						
	Studien																						
	Beruf(ung)																						
	Berufsverhalten																						
	Chancen, Aufstieg																						
	Finanzen/Materie																						
	Unabhängigkeit																						
Lebens-Entwicklung	Kindheit																						
	Jugend																						
	Reifejahre																						
	Alter																						
	LEBENSFORMEL																						

*) „Kabbalistische Definitionen“ siehe vorherige Kapitel.

Ihr persönliches Karmagramm*)

Vertikal-Analyse

		SÄEN											ERNTEN										
		1	2	3	4	5	6	7	8	9	10	11	12	13	14	15	16	17	18	19	20	21	22
Anlagen Struktur	Wurzel u. Wollen																						
	Lebensziel																						
	Lebensweg																						
	Wesenskern																						
	Denken																						
	Handeln																						
	Naturell																						
	Ruf																						
	Wünsche, Hoffen																						
	Pflichten																						
Partnerschaft	Partnerschaftsziel																						
	Bindungstendenz																						
Berufsaussichten	Interessen																						
	Studien																						
	Beruf(ung)																						
	Berufsverhalten																						
	Chancen, Aufstieg																						
	Finanzen/Materie																						
	Unabhängigkeit																						
Lebens-Entwicklung	Kindheit																						
	Jugend																						
	Reifejahre																						
	Alter																						
	LEBENSFORMEL																						

*) „Kabbalistische Definitionen“ siehe vorherige Kapitel.

Derselbe Name — dasselbe Karma?

„Sie können das Leben eines Menschen beschreiben, ohne dessen Geburtsdatum zu kennen?", wundert sich der Astrologe, und der Kabbalistiker erklärt: „Genau das unterscheidet Ihre Kunst von der meinen. Sie charakterisieren einen Menschen, ohne seinen Namen zu kennen." „Was aber", will der Astrologe weiter wissen, „machen Sie, wenn zwei Menschen denselben Namen tragen?" „Das gleiche wie Sie, wenn zwei Menschen zu Ihnen kommen, die beide z. B. am 22. 2. desselben Jahres um 22.22 Uhr MEZ geboren sind", lächelt der Kabbalistiker.

A. H.

Jeder Mensch ist einmalig. Er hat seinen persönlichen Genetischen Code und seine persönlichen Fingerabdrücke; nichts davon ist zweimal auf der Welt zu finden. Der Mensch ist ein Individuum. Gleichwohl ist er „berechenbar" — bis zu einem gewissen Grad jedenfalls, denn: der Mensch ist in seiner Entscheidung frei! Und gerade seine Entscheidung entscheidet über sein Leben und damit über sein Karma.

Jeder Mensch entscheidet aufgrund persönlicher Kriterien wie z. B. Erziehung, Neigung, Lebenserfahrung, Umgebung, Umgang, Milieu usw. Die Summe der Gründe aber, die zu seiner Entscheidung führt, setzt in seinem Leben eine Ursache. Diese Ursache zeitigt eine spezifische Wirkung. Und diese spezifische Wirkung macht sein individuelles Leben, sein spezifisches Karma aus. Und sei es, daß er Karl Meier oder John Smith oder Pierre Dupont heißt wie Hunderttausende auf der Welt, und daß er am 22. 2. 1944 um 22.22 Uhr MEZ geboren ist wie unzählige andere Menschen ebenfalls.
Mit z. B. derselben Berufskonstellation kann der eine Priester werden, der andere Entwicklungshelfer, ein dritter Psychologe, während der vierte sich vielleicht berufen fühlt, ins Kloster zu gehen — und dort Gärtner wird.

Derselbe Name deutet durchaus auf dasselbe Karma, indes leben muß es jeder auf seine — individuelle — Weise.

Die *Kabbalistischen Definitionen* verabsolutieren nicht, dürfen es gar nicht; sie müssen Raum lassen für die persönliche Assoziation — für die Interpretation der Seele, für die freie Entscheidung — und damit: für ein befreiendes Karma.

Teil 2
DIE DATENPROGNOSE

I Einführung in die Daten-Kabbalistik

Berechenbarkeit und Unberechenbarkeit der Zeit

Karma ist in genau dem Maße veränderbar, in dem wir selbst uns ändern. Was uns verändert, sind unsere Entscheidungen, die immer auf uns zurückwirken, da ja jede Entscheidung eine Ursache schafft, die ihrerseits eine Wirkung und damit Karma auslöst. Schon deshalb muß der Mensch in seiner Entscheidung frei sein. Es darf, kann und wird keine außerhalb von uns selbst existierende Kompetenz geben, die eine Entscheidung von uns vorwegnimmt. Tausendmal mögen wir einen Rat einholen, tausendmal werden wir letztlich so handeln, wie wir allein es für richtig halten. Denn auf jede Frage tragen wir die Antwort in uns. Und in uns wissen wir das sehr genau. Wir wissen: indem wir entscheiden, leben wir.

Doch es gibt etwas, das Einfluß nimmt auf unsere Entscheidungen, und das ist die Zeit. Das Karma hat uns hineingeboren in eine bestimmte Zeit und zu einem bestimmten Zeitpunkt, eben damit wir auf bestimmte dieser Zeit unterstehende Faktoren reagieren, Entscheidungen treffen, leben. Wenn wir unser Leben verstehen wollen, müssen wir die Zeit verstehen, ihr Anliegen an uns und ihre Botschaft. Die Zeit ist Orientierungselement. Sie konfrontiert uns mit Periodizität und Zyklik, mit einem alles ordnenden Nacheinander. Die Zeit schafft für uns Polaritäten und zeigt uns so den Unterschied zwischen Tag und Nacht, Sommer und Winter, Wärme und Kälte. Als sich bei unserer Geburt Karma und Zeit miteinander verbanden, geschah dies, um uns erkennen zu lassen, daß wir ebenso Geist sind wie Materie, daß unser karmatragender Geist durch die Reinkarnation, also auch die erneute Verbindung mit der Zeit, erneut aufgefordert ist, sich zu entscheiden für oder gegen den Tag, den Sommer, die Wärme — die Liebe. Darum leben wir.

Und daraus resultiert auch unser tiefinneres Bedürfnis, in die sogenannte Zukunft schauen zu wollen; wir sind unsicher in unserer Entscheidung, in der Zeit, in der Materie; alles ist wieder so verwirrend neu für uns. Ja. Und deshalb gehen wir durch eine Lebens-Schule, lernen wir, nach und nach immer besser, zu unterscheiden, zu entscheiden. Doch was wir wollen, ist, heute schon wissen, wie wir morgen handeln und was übermorgen daraus folgt; wir wollen den Schulabschluß vor das Lernen setzen.

Dies kann gar nicht möglich sein; es würde unser Leben sinnlos machen.

Wir können Wahrscheinlichkeitsrechnungen über die Zukunft aufstellen, können eine Unzahl an Daten auf das Gescheiteste miteinander verknüpfen und auswerten — doch wir können nicht heute schon wissen, wie wir morgen entscheiden. Außerdem sind wir nicht allein auf der Welt: auch die Erfahrungen, die wir aufgrund von Entscheidungen anderer Menschen machen, prägen unser Denken, beeinflussen unser Handeln.

Das einzig Realistische, das wir unternehmen können, um die Sonde unserer Neugier nicht völlig ergebnislos in die sogenannte Zukunft zu richten, ist, ein Kalendarium zu erstellen, das uns die unser Leben tangierenden Tendenzen für jeden Tag, jeden Monat und jedes Jahr bewußter aufnehmen läßt. Unser Karma und unsere Zeit vereinen natürlicherweise diese Tendenzen in sich, und sie nur zu erkennen ist uns wirklich möglich.

Wäre es anders, wir wären in unserer Entscheidung nicht frei; wir brauchten nicht mehr zu entscheiden.

Tendenzen erkennen und reagieren

Aus der Verbindung von Karma und Zeit, von Name und Datum also, ergeben sich Konstellationen, die mitentscheidend sein können für die Erfahrungen, die wir im Leben machen. Ändern läßt sich eine solche Konstellation nicht, wohl aber können wir uns darauf einstellen und so den gegebenen Einfluß der Zeit klug parieren. Wer plötzlich schutzlos einem Unwetter ausgesetzt ist, wird zweifellos anders reagieren als einer, der die Tendenz erkannt und seine Kleidung entsprechend gewählt hat.

Wenn es uns gelingt, Zukunftsneugier auf dieses Maß an Erfahrbarem zu beschränken, werden wir gelassener, ruhiger, sicherer, werden wir erfolgreicher und freundlicher. Der gebotene Verzicht auf Allwissenheit belohnt uns damit, daß wir menschenmögliches Wissen schätzen und positiv anwenden können.

Nachfolgend eine notwendigerweise limitierte Auswahl an Prognosekriterien, die sowohl in der Einzelanalyse als auch im Harmonieabgleich mit den jeweils anderen eine wertvolle Information darstellen.

Grundtendenz
Sie nennt den vorherrschenden Einfluß

Motivation
Sie gibt unsere persönliche Tendenz an

Interessen
Wir erkennen, wohin wir tendieren

Chancen
Wir erhalten einen Wink vom Schicksal

Studien
Die Konstellation gibt an, welche Studien vorteilhaft sind

Pflichten
Die besondere Zeitstruktur läßt uns Aufgaben leichter erkennen

Berufsverhalten
Wir sehen, in welcher Weise wir geneigt sind, unseren Beruf auszuüben

Vertragsabschlüsse
Die Konstellation weist auf besonders zu beachtende Faktoren hin

Amtliches/Behördliches
Wir erkennen die Tendenz bei Anträgen, Ersuchen, Verhandlungen, Prozessen usw.

Finanzen
Hier läßt sich erkennen, welche Tendenzen unsere wirtschaftliche Situation aufweist

Unabhängigkeit
Wir sehen, wohin uns Freiheit und Unabhängigkeit führen wollen

Nächsten-Liebe
Ein Hinweis, der es uns erleichtern wird, Mögliches vom Unmöglichen zu unterscheiden

Partnerschaft
Wir erkennen die Kompatibilitätstendenz mit unserem Lebensgefährten

Situationsformel
Analog zur karmischen Lebensformel erkennen wir hier, unter welchen Prämissen eine Situation gesehen und gemeistert werden kann

Kabbalisieren der Daten

Allgemeines:

Bei der Datenprognose wird ausnahmsweise zusätzlich zur kabbalistischen Namenszahl auch das Geburtsdatum und darüberhinaus auch das Prognosedatum (s. u.) berücksichtigt. Die verschiedenen Prognosekriterien werden durch international anwendbare Koeffizienten repräsentiert, die ebenfalls zu addieren sind, bevor wie bekannt kabbalisiert wird.

System:

Namenszahl + Geburtsdatum + Datenprognosezahl + Koeffizient des betreffenden Prognosekriteriums.

Namenszahl

Alphabetzahlen addieren wie in TEIL 1 angegeben.

Geburtsdatenzahl

s. Daten-Schlüssel S. 24.

Datenprognosezahl

Tagesprognose

Tageszahl und Monatszahl werden jeweils auf eine einstellige Zahl quersummengerechnet, während die Jahreszahl auf eine zweistellige Zahl quersummengerechnet wird. Die sich daraus ergebenden drei Zahlen werden addiert. Das Ergebnis ist die *Tagesprognosezahl.* Sie bleibt in der Addition mit der Namenszahl oder einem Koeffizienten auch dann unverändert, wenn ihr Wert höher als 22 ist.

Beispiel:

24. 10. 1952

Tageszahl	24 =	6
Monatszahl	10 =	1
Jahreszahl	17 =	17
Datenprognosezahl		24

Monatsprognose

Addiert werden die Monatszahl (einstellig) und die Jahreszahl (zweistellig) zu einer *Monatsprognosezahl.* Sie bleibt, genau wie die Tagesprognosezahl, in der Addition mit der Namenszahl oder einem Koeffizienten auch dann unverändert, wenn ihr Wert höher als 22 ist.

Beispiel:

Februar 1982

Monatszahl	2 =	2
Jahreszahl	20 =	20
Monats-prognosezahl		22

Jahresprognose

Es gilt die auf zwei Stellen reduzierte Jahreszahl als *Jahresprognosezahl.* Sie bleibt, genau wie die Tagesprognosezahl und die Monatsprognosezahl in der Addition mit der Namenszahl oder einem Koeffizienten auch dann unverändert, wenn ihr Wert höher als 22 ist.

Beispiele:

Jahreszahl 1900 = Jahresprognosezahl 10
Jahreszahl 1932 = Jahresprognosezahl 15
Jahreszahl 1988 = Jahresprognosezahl 26

Koeffizienten: Die Zahl erschließt

38	Interessen
73	Chancen
69	Studien
61	Pflichten
47	Berufsverhalten
64	Vertragsabschlüsse
107	Amtliches/Behördliches
63	Finanzen
137	Unabhängigkeit
34*	Nächsten-Liebe
XY*	(Addition der Namenszahlen zweier Partner) Kompatibilität
46	Situationsformel

Grundtendenz:
Namenszahl + Geburtsdatenzahl + Datenprognosezahl; kabbalisieren wie bekannt

Motivation:
Namenszahl + Geburtsdatenzahl + Datenprognosezahl: es gilt die aus dem Ergebnis zu ziehende Quadratwurzel

Prognosekriterium:
Namenszahl + Geburtsdatenzahl + Datenprognosezahl + Koeffizient des betreffenden Prognosekriteriums (s. o.); kabbalisieren wie bekannt

Situationsformel:
Namenszahl + Geburtsdatenzahl + Datenprognosezahl + Koeffizient des betreffenden Prognosekriteriums + Situationsformel; kabbalisieren wie bekannt

*) plus Personenfaktor *2*.

II Fallstudie Sophie Scholl

Die Geschwister *Hans* und *Sophie Scholl,* deutsche Widerstandskämpfer und Mitglieder des studentischen Freundeskreises *‚Weiße Rose',* einer gegen den Nationalsozialismus gerichteten Widerstandsgruppe, wurden am 18. 2. 1943 verhaftet, als sie in den Lichthof der Münchner Universität Flugblätter warfen, die zur Sühne für die Niederlage Stalingrads aufriefen. [15] [16] Am 22. 2. 1943 verurteilte der Präsident des Volksgerichtshofes, *Roland Freisler,* die Geschwister Scholl zum Tode; wenige Stunden später wurden sie hingerichtet.
Hans Scholl, Student der Medizin, und *Sophie Scholl,* Studentin der Biologie und Philosophie wuchsen als Kinder des Bürgermeisters einer kleinen württembergischen Stadt heran und hatten noch als Gymnasiasten den Nationalsozialismus begrüßt. Doch dann erkannten sie, welche Kluften sich auftaten zwischen den fanatischen, Menschenleben verachtenden Methoden der neuen Gewalthaber und den Idealen und Zielen der katholischen Jugendbewegung.[17]

Betrachten wir nun das Tages-Diagramm von Sophie Scholl.

Gesamtbeispiel:

Sophie Scholl	* 9. 5. 1921 hingerichtet † 22. 2. 1943
Namenszahl	127
Geburtsdatenzahl	27
Datenprognosezahl	23
	177

Grundtendenz: **o15/x19**
Durch Selbstverwirklichung Harmonie

Motivation:	**x13** Transformation
Pflichten:	**o13/x8** Durch Transformation Gerechtigkeit
Chancen:	**o7/x10** Durch Selbstüberwindung Übergang, Wechsel/Neubeginn . . .
Situationsformel:	**⊗7** Überwindung . . .

TAGES-TENDENZEN SOPHIE SCHOLL

* 9. 5. 1921
† 22. 2. 1943

Horizontal-Analyse

	SÄEN											ERNTEN										
	1	2	3	4	5	6	7	8	9	10	11	12	13	14	15	16	17	18	19	20	21	22
Grundtendenz															0				X			
Motivation													X									
Pflichten								X					0									
Interessen						X		0														
Chancen							0			X												
Studien									X			0										
Berufsverhalten							X	0														
Vertragsabschlüsse							0		X													
Amtl./Behördliches				X										0								
Finanzen						0			X													
Unabhängigkeit								X0														
Nächsten-Liebe				0			X															
Partnerschaft				X														0				
Situationsformel							X0															

Horizontal-Interpretation

Grundtendenz	**o15/x19** Vorherrschender Einfluß: Durch Kompetenz und Selbstverwirklichung Erreichen von Harmonie
Motivation	**x13** Persönliche Tendenz: Transformation, Erlangung von Höherem Wissen
Pflichten	**o13/x8** Aufgabe: Durch Transformation Erlangung von Gerechtigkeit und kosmischer Ordnung
Interessen	**o8/x6** Tendenz: Durch Gerechtigkeit Prüfung, Analyse
Chancen	**o7/x10** Schicksalswink: Selbstüberwindung wird zum Übergang, *hier:* zum Wechsel in die geistige Welt führen und zur Innovation
Studien	**o12/x9** Vorteilhaft: Vertiefung in die karmische Aufgabe der Konfrontation von Verlust, Verzicht/Aufopferung und dadurch Erlangung von Herzensbildung, Weisheit
Berufsverhalten	**o8/x7** Ausübung der Pflichten: Korrektes Verhalten führt zu Überlegenheit
Vertrags-abschlüsse	**o6/x9** Zu beachtende Faktoren (falls Sophie Scholl in

der Situation und bereit gewesen wäre, einen Pakt zu schließen): Kritischste Prüfung ist vonnöten, um eine kluge Einigung zu erzielen

Amtliches/ Behördliches

o14/x4
Aussichten:
Durch Disziplin, durch Kampf, durch Vorbildlichkeit Auslösung einer Entscheidung, einer Tat; Einbeziehung der Öffentlichkeit

Finanzen

o6/x9
Wirtschaftliche/materielle, (hier: materiell im metaphysischen Sinne)
Tendenz:
Eine Lebensprüfung, die (hier) nur philosophisch durchdrungen werden kann

Unabhängigkeit

⊗8
Freiheitstendenz:
Konzentration der Kräfte auf Gerechtigkeit und kosmische Ordnung

Nächsten-Liebe

o4/x7
Tendenz des Möglichen:
Trotz einer Entscheidung, einer Tat und Einbeziehung der Öffentlichkeit bleibt die Nächstenliebe unversehrt: das Ergebnis ist Sieg durch Selbst-Überwindung

Partnerschaft

o18/x4
Gemeinsamkeit mit dem Partner (hier: dem Bruder, HANS SCHOLL):
Gefahr für beide, durch Unrecht, Ungerechtigkeit, einmündend in eine — auch die Partnerschaft tangierende — Entscheidung und Tat

Situationsformel

⊗7
Wie die Situation gemeistert wird:
Konzentration der Kräfte auf Überwinden, Durchstehen, Verzeihen; Siegen letztendlich

TAGES-TENDENZEN SOPHIE SCHOLL

* 9. 5. 1921
† 22. 2. 1943

Vertikal-Analyse

	SÄEN											ERNTEN										
	1	2	3	4	5	6	7	8	9	10	11	12	13	14	15	16	17	18	19	20	21	22
Grundtendenz															0				X			
Motivation													X									
Pflichten								X					0									
Interessen						X		0														
Chancen							0			X												
Studien									X			0										
Berufsverhalten							X	0														
Vertragsabschlüsse							0		X													
Amtl./Behördliches				X										0								
Finanzen						0			X													
Unabhängigkeit								X 0														
Nächsten-Liebe				0			X															
Partnerschaft				X														0				
Situationsformel							X 0															

Vertikal-Interpretation

1 **Energie, Wille, Initiative**
2 **Wissen, Kreativität, Studien**
3 **Gemeinschaft, Kommunikation**

neutral wirkend auf
ALLE PROGNOSEKRITERIEN

Interpretation:
Alle diese Faktoren wirken durchgängig am 22. 2. 1943, dem Tag, als Sophie Scholl hingerichtet wurde, als neutrale Unterstützung der stärker ausgeprägten und miteinander verbundenen Kriterien.

4 **Handlung, Entscheidung, Öffentlichkeit**

verstärkt wirkend und miteinander verbindend:

AMTLICHES/BEHÖRDLICHES
NÄCHSTEN-LIEBE
PARTNERSCHAFT

Interpretation:
Die Faktoren weisen sehr deutlich ihren Zusammenhang mit einer öffentlichen Stelle aus und lassen erkennen, daß amtliche Entscheidung und Handlung auf die Nächsten-Liebe von Sophie Scholl und auf ihre Partnerschaft, d. h., das partnerschaftliche Zusammenwirken mit ihrem Bruder abzielen

5 **Religio(n), Dienen, Helfen, Heilsames**

neutral wirkend auf
ALLE PROGNOSEKRITERIEN

Interpretation:
vgl. **1, 2, 3**

6 Prüfung, Analyse, Kritik

verstärkt wirkend und miteinander verbindend:

INTERESSEN
FINANZEN (MATERIE)

Interpretation:
Die Interessen von Sophie Scholl stoßen auf Kritik, und dies soll Auswirkungen haben auf ihre materielle (im metaphysischen Sinne materiell) Situation.

7 Selbst-Überwindung, Sieg, Überlegenheit

verstärkt wirkend und miteinander verbindend:

CHANCEN
BERUFSVERHALTEN
VERTRAGSABSCHLÜSSE
NÄCHSTEN-LIEBE
SITUATIONSFORMEL

Interpretation:
Überwindung ist die kardinale Chance für Sophie Scholl am Tage ihrer Hinrichtung. Sie verhält sich situationsadäquat, paktiert nicht, bewahrt sich ihre Nächstenliebe und findet in ihrer — hier konzentriert wirksam werdenden — Situationsformel die Bestätigung, daß sie auf ihre Weise siegen wird.

8 Kosmische Ordnung, Recht, Gerechtigkeit

verstärkt wirkend und miteinander verbindend:

PFLICHTEN
INTERESSEN
BERUFSVERHALTEN
UNABHÄNGIGKEIT

Interpretation:
Die Interessen von Sophie Scholl gelten der Gerechtigkeit,

und sie handelt hier einer Pflicht entsprechend, die sie sich zum Beruf gemacht hat und die, da ihre Interessen gleichzeitig auf ‚existenzbedrohende' Kritik stoßen, wie wir beim kabbalistischen Faktor 6 sehen konnten, schließlich das Ende ihrer Unabhängigkeit/Freiheit zur Folge hat — konzentriert, massiv: durch ihren gewaltsamen Tod.

9 **Philosophie, Weisheit, Herzensbildung**

verstärkt wirkend und miteinander verbindend:

STUDIEN
VERTRAGSABSCHLÜSSE
FINANZEN (MATERIE)

Interpretation:
Sophie Scholl, Studentin der Biologie und Philosophie, mag an ihrem Sterbetag verstärkt befaßt gewesen sein mit ihren Studien-Inhalten — mit dem philosophischen und dem biologischen Aspekt der Materie z. B. — und mit einer klugen Überwindung (vgl. 7) von dubiosen Paktierungsmöglichkeiten

10 **Übergang, Wechsel, Innovation, Neubeginn**

verstärkt wirkend auf

CHANCEN

Interpretation:
Chance und wirkliches Erfolgsmoment im metaphysischen Sinne sind für Sophie Scholl an diesem Tag der „Übergang", der Wechsel in die geistige Welt und der Neubeginn dort

11 **Spiritualität, Erkenntnis, Esoterik**

neutral wirkend auf

ALLE PROGNOSEKRITERIEN

Interpretation
vgl. **1, 2, 3**

12 Karmische Aufgabe, Pflichterfüllung, Aufopferung

verstärkt wirkend auf

STUDIEN

Interpretation:
Das Opfer wird verlangt in den Bereichen, die Sophie Scholl studiert hat: der Tag wird ihrer Philosophie, ihrem ganzen Denken und dem Leben, der Biologie, ein Ende zuweisen. Die Konstellation bestätigt die Tendenz der verstärkten Beschäftigung mit eben diesen Kriterien (vgl. 9).

13 Transformation, Umwandlung, Höheres Wissen

verstärkt wirkend und miteinander verbindend:

MOTIVATION
PFLICHTEN

Interpretation:
In ihrer Wurzel, in ihrem Wollen war Sophie Scholl durchaus bereit zur Transformation, bereit, sich mit Höherem Wissen zu verbinden, und dies entspricht auch ihrer Pflicht, was wiederum die unter 12 und ein weiteres Mal die unter 9 vorherrschende Konstellation erklärt.

14 Disziplin, Kampf, Vorbildlichkeit

verstärkt wirkend auf

AMTLICHES/BEHÖRDLICHES

Interpretation:
Es zeigt sich, daß Sophie Scholl die amtliche, die politische Entscheidung mit Tapferkeit ertragen hat.

15 Wirken, Selbstverwirklichung

verstärkt wirkend auf

GRUNDTENDENZ

Interpretation:
Hauptanliegen von Sophie Scholl war es, Selbstverwirklichung zu erreichen, indem sie für eine gute Sache wirkte, nämlich gegen das nationalsozialistische Gewaltsystem.

16 Schwierigkeiten, Lernprozeß, Einweihung
17 Wahrhaftigkeit, Idealismus

neutral wirkend auf

ALLE PROGNOSEKRITERIEN

Interpretation:
vgl. **1, 2, 3**

18 Konfrontation von Unrecht, Unglück, Gefahr

verstärkt wirkend auf

PARTNERSCHAFT

Interpretation:
Unrecht, Unglück und Gefahr für die Partnerschaft (hier: die Verbindung zum Bruder, Hans Scholl).

19 Harmonie, Freude, Glück

verstärkt wirkend auf

GRUNDTENDENZ

Interpretation:
Grundtendenz bei Sophie Scholl war es, durch persönlichen Einsatz, durch ‚Wirken' (vgl. 15) Harmonie, Freude und Glück zu schaffen.

20 Geistiger Fortschritt, Wiederbegegnungen
21 Erfolg, Ansehen, Ehre

22 Phantasie, Visionen, Genialität

neutral wirkend auf

ALLE PROGNOSEKRITERIEN

Interpretation:
vgl. **1, 2, 3**

Säen und Ernten bei Sophie Scholl am Tage ihrer Hinrichtung, dem 22. 2. 1943*)

SÄEN

4 Durch eine, vielleicht spontane, Handlung konnte sie anderen Menschen zur Ernte verhelfen, ihnen von Nutzen sein.
(Amtl./Behördliches, Nächsten-Liebe, Partnerschaft)

6 Sie prüfte und forschte und säte ihre Erkenntnisse und durch sie.
(Interessen, Finanzen/Materie)

7 Der Sieg über die eigene Person wie auch — hierdurch — über andere machte sie uns zum Vorbild.
(Chancen, Berufsverhalten, Vertragsabschlüsse, Nächsten-Liebe, Situationsformel)

8 Ihre Aufgabentendenz lag darin, anderen durch ihren Einsatz für Recht und Gesetz zu vermitteln, was richtig und was gerecht ist.
(Pflichten, Interessen, Berufsverhalten, Unabhängigkeit)

9 Sie konnte andere teilhaben lassen an ihrer Philosophie, und durch Herzensbildung vermochte sie es, ihnen zu helfen, Leid und Sorgen zu bewältigen.
(Studien, Vertragsabschlüsse, Finanzen/Materie)

10 Sie hatte die Tendenz, zu ändern, zu reformieren, Neues zu schaffen.

ERNTEN

12 Sie hatte eine karmische Aufgabe zu erfüllen, die Hingabe und ein Opfer von ihr verlangte.
(Studien)

13 Sie hat Abschiede und Wandlungen erlebt und vermochte es doch, die Tendenz beizubehalten, den Phönix der Asche entsteigen zu lassen.

14 Disziplin war ihr zu eigen, und sie konnte sie einsetzen, um zum Vorbild zu werden, auf einem Weg, den „14 Englein“ mit ihr gegangen sein mögen.
(Amtl./Behördliches)

15 Aufgrund ihrer Ausstrahlung hatte sie die Tendenz, Kompetenz und Macht und damit Ziele zu erreichen.
(Grundtendenz)

18 Sie wurde mit Unrecht, Egoismus, Falschheit und Gefahr konfrontiert, um sich und, soweit möglich, auch andere hieraus zu befreien.
(Partnerschaft)

19 Mit der Harmonie als Grundtendenz in ihrem Leben erntete Sophie Scholl, was sie gesät hatte.

---

*) entsprechend S. 34/35 adaptiert.

Beispiele: Daten-Diagramm/ Säen und Ernten im Daten-Diagramm

Die gleich folgenden Beispiele sind Ihrer persönlichen Interpretation überlassen und auch empfohlen, denn sie fordern und fördern gleichsam Ihre Intuition, vermitteln Ihnen eine umfassende kabbalistische Praxis und ermöglichen es Ihnen damit, tiefer einzudringen in zeitgebundene Zusammenhänge.[18] [19]

Soweit in den Daten-Diagrammen Spalten freigelassen wurden, geschah dies, weil der jeweilige Bereich entweder für eine Interpretation irrelevant oder aber für das Begreifen der im Diagramm gezeichneten Zusammenhänge irrelevant war.

TAGES-TENDENZEN:

MARILYN MONROE * 1. 6. 1926
an ihrem Sterbetag † 4. 8. 1962

Horizontal-Analyse

	SÄEN											ERNTEN										
	1	2	3	4	5	6	7	8	9	10	11	12	13	14	15	16	17	18	19	20	21	22
Grundtendenz						X						0										
Motivation															X							
Pflichten				X						0												
Interessen										X				0								
Chancen					X						0											
Studien				X														0				
Berufsverhalten											X			0								
Vertragsabschlüsse				X									0									
Amtl./Behördliches									X		0											
Finanzen				X								0										
Unabhängigkeit												X		0								
Nächsten-Liebe										X0												
Partnerschaft																						
Situationsformel											X		0									

TAGES-TENDENZEN:

MARILYN MONROE * 1. 6. 1926
an ihrem Sterbetag † 4. 8. 1962

Vertikal-Analyse

	SÄEN											ERNTEN										
	1	2	3	4	5	6	7	8	9	10	11	12	13	14	15	16	17	18	19	20	21	22
Grundtendenz						X						0										
Motivation															X							
Pflichten				X						0												
Interessen										X				0								
Chancen					X						0											
Studien				X														0				
Berufsverhalten											X			0								
Vertragsabschlüsse				X									0									
Amtl./Behördliches									X		0											
Finanzen				X								0										
Unabhängigkeit												X		0								
Nächsten-Liebe										X0												
Partnerschaft																						
Situationsformel											X		0									

Säen und Ernten im Tages-Diagramm von MARILYN MONROE an ihrem Sterbetag, dem 4. 8. 1962

SÄEN

4
(Pflichten, Studien, Vertragsabschlüsse, Finanzen/Materie)

5
(Chancen)

6
(Grundtendenz)

9
(Amtliches/Behördliches)

10
(Pflichten, Interessen, Nächsten-Liebe)

11
(Chancen, Berufsverhalten, Amtliches/Behördliches, Situationsformel)

ERNTEN

12
(Grundtendenz, Finanzen/Materie, Unabhängigkeit)

13
(Vertragsabschlüsse, Situationsformel)

14
(Interessen, Berufsverhalten, Unabhängigkeit)

15
(Motivation)

18
(Studien)

TAGES-TENDENZEN:

TITANIC * (Stapellauf) 31. 5. 1911
† (Untergang) 14. 4. 1912

Horizontal-Analyse

	SÄEN											ERNTEN										
	1	2	3	4	5	6	7	8	9	10	11	12	13	14	15	16	17	18	19	20	21	22
Grundtendenz								0			X											
Motivation										X												
Pflichten															0		X					
Interessen										0					X							
Chancen									0										X			
Studien														0				X				
Berufsverhalten										0						X						
Vertragsabschlüsse									0									X				
Amtl./Behördl.*					X		0															
Finanzen								0										X				
Unabhängigkeit								X		0												
Nächsten-Liebe																						
Partnerschaft																						
Situationsformel									0							X						

---

*) Da Prognose-Grundzahl und Koeffizient hier identisch sind, ist eine Tendenz zur Krise absehbar und das konträre (im Diagramm nicht ausgewiesene) Ergebnis wahrscheinlich.

TAGES-TENDENZEN:

TITANIC * (Stapellauf) 31. 5. 1911
†(Untergang) 14. 4. 1912

Vertikal-Analyse

	SÄEN											ERNTEN										
	1	2	3	4	5	6	7	8	9	10	11	12	13	14	15	16	17	18	19	20	21	22
Grundtendenz								0			X											
Motivation										X												
Pflichten															0		X					
Interessen										0					X							
Chancen									0										X			
Studien														0				X				
Berufsverhalten										0						X						
Vertragsabschlüsse									0									X				
Amtl./Behördl.*					X		0															
Finanzen								0										X				
Unabhängigkeit								X		0												
Nächsten-Liebe																						
Partnerschaft																						
Situationsformel									0							X						

*) Da Prognose-Grundzahl und Koeffizient hier identisch sind, ist eine Tendenz zur Krise absehbar und das konträre (im Diagramm nicht ausgewiesene) Ergebnis wahrscheinlich.

Säen und Ernten im Tages-Diagramm der TITANIC am 14. 4. 1912, Tag der Jungfernfahrt und gleichzeitig Untergang

SÄEN

5
(Amtliches/Behördliches)

7
(Amtliches/Behördliches)

8
(Grundtendenz, Finanzen/Materie, Unabhängigkeit)

9
(Chancen/Aufstieg, Vertragsabschlüsse, Situationsformel)

10
(Motivation, Interessen, Berufsverhalten, Unabhängigkeit)

11
(Grundtendenz)

ERNTEN

14
(Studien)

15
(Pflichten, Interessen)

16
(Berufsverhalten, Situationsformel)

17
(Pflichten)

18
(Studien, Vertragsabschlüsse, Finanzen/Materie)

19
(Chancen, Aufstieg)

MONATS-TENDENZEN:

ALEKSANDR FJODOROWITSCH KERENSKIJ
(russ. Minister-Präsident während der Oktoberrevolution, von Lenin gestürzt)
* 22. 4. 1881
Oktoberrevolution: 10/1917

Horizontal-Analyse

	SÄEN											ERNTEN										
	1	2	3	4	5	6	7	8	9	10	11	12	13	14	15	16	17	18	19	20	21	22
Grundtendenz						X								0								
Motivation																				X		
Pflichten												0	X									
Interessen							0				X											
Chancen					X										0							
Studien					X						0											
Berufsverhalten							0					X										
Vertragsabschlüsse													X		0							
Amtl./Behördliches									X				0									
Finanzen													X	0								
Unabhängigkeit							0						X									
Nächsten-Liebe											X	0										
Partnerschaft																						
Situationsformel											X				0							

MONATS-TENDENZEN:

ALEKSANDR FJODOROWITSCH KERENSKIJ
(russ. Minister-Präsident während der Oktoberrevolution, .von Lenin gestürzt)
* 22. 4. 1881
Oktoberrevolution: 10/1917

Vertikal-Analyse

	SÄEN											ERNTEN										
	1	2	3	4	5	6	7	8	9	10	11	12	13	14	15	16	17	18	19	20	21	22
Grundtendenz						X								0								
Motivation																				X		
Pflichten												0	X									
Interessen							0				X											
Chancen					X										0							
Studien					X						0											
Berufsverhalten							0					X										
Vertragsabschlüsse													X		0							
Amtl./Behördliches									X				0									
Finanzen													X	0								
Unabhängigkeit							0						X									
Nächsten-Liebe											X	0										
Partnerschaft																						
Situationsformel											X				0							

Säen und Ernten im Monats-Diagramm von ALEKSANDR FJODOROWITSCH KERENSKIJ zur Zeit der Oktoberrevolution, 10/1917

SÄEN

5
(Chancen, Studien)

6
(Grundtendenz)

7
(Interessen, Berufsverhalten, Unabhängigkeit)

9
(Amtliches/Behördliches)

11
(Interessen, Studien, Nächsten-Liebe, Situationsformel)

ERNTEN

12
(Pflichten, Berufsverhalten, Nächsten-Liebe)

13
(Pflichten, Vertragsabschlüsse, Amtliches/Behördliches, Finanzen/Materie, Unabhängigkeit)

14
(Grundtendenz, Finanzen/Materie)

15
(Chancen, Vertragsabschlüsse, Situationsformel)

20
(Motivation)
(sic!)

JAHRES-TENDENZEN:

LOUIS SEIZE (Ludwig XVI.)
* 23. 8. 1754
1792 (Beginn der Französischen Revolution)

Vertikal-Analyse

	SÄEN											ERNTEN										
	1	2	3	4	5	6	7	8	9	10	11	12	13	14	15	16	17	18	19	20	21	22
Grundtendenz									0									X				
Motivation													X									
Pflichten							X0															
Interessen		0			X																	
Chancen								X		0												
Studien						0		X														
Berufsverhalten					X						0											
Vertragsabschlüsse							X			0												
Amtl./Behördliches											X						0					
Finanzen							X		0													
Unabhängigkeit					X															0		
Nächsten-Liebe																0					X	
Partnerschaft						0		X														
Situationsformel					X					0												

JAHRES-TENDENZEN:

LOUIS SEIZE (Ludwig XVI.)
* 23. 8. 1754
1792 (Beginn der Französischen Revolution)

Vertikal-Analyse

	SÄEN											ERNTEN										
	1	2	3	4	5	6	7	8	9	10	11	12	13	14	15	16	17	18	19	20	21	22
Grundtendenz									0									X				
Motivation													X									
Pflichten							X0															
Interessen		0			X																	
Chancen								X		0												
Studien						0		X														
Berufsverhalten					X						0											
Vertragsabschlüsse							X			0												
Amtl./Behördl.											X						0					
Finanzen							X		0													
Unabhängigkeit					X															0		
Nächsten-Liebe																0					X	
Partnerschaft						0		X														
Situationsformel					X					0												

Säen und Ernten im Jahres-Diagramm von LOUIS SEIZE (Ludwig XVI.) zu Beginn der Französischen Revolution im Jahre 1792

SÄEN

2
(Interessen)

5
(Interessen, Berufsverhalten, Unabhängigkeit, Situationsformel)

6
(Studien, Partnerschaft)

7
(Pflichten, Vertragsabschlüsse, Finanzen/Materie)

8
(Chancen, Studien, Partnerschaft)

9
(Grundtendenz, Finanzen/Materie)

10
(Chancen, Vertragsabschlüsse, Situationsformel)

11
(Berufsverhalten, Amtliches/Behördliches)

ERNTEN

13
(Motivation)

16
(Nächsten-Liebe)

17
(Amtliches/Behördliches)

18
(Grundtendenz)

20
(Unabhängigkeit)

21
(Nächsten-Liebe)

Umgang mit dem Daten-Diagramm

Eintragungen:

Alle Zahlen über 22 werden im Diagramm auf ihre Quersumme reduziert und am Schnittpunkt von Prognosekriterium und Zahl eingetragen:

— der Q-Faktor wird durch einen Kreis (o) gekennzeichnet
— das Ergebnis wird mit einem Kreuz (x) eingetragen
— Ist kein Q-Faktor vorhanden (wie bei Motivation), wird lediglich das Ergebnis angekreuzt.
— Sind Q-Faktor und Ergebnis identisch, wird zuerst der Kreis eingezeichnet und in den Kreis ein Kreuz (o + x = ⊗).

Die unterschiedlichen Markierungen dienen der schnellen Erfassung von Q-Faktor (Auslöse- oder Einfluß-Faktor), konkretem Ergebnis und verstärktem/übereinstimmendem Ergebnis.

Lesen:

Horizontal-Analyse:
Von links nach rechts lassen sich zeilenweise alle ausgearbeiteten Ergebnisse rekonstruieren und die zeitlichen Determinanten auf einen Blick erfassen. Außerdem kann ein Überblick gewonnen werden, wo identische Konstellationen vorliegen und in welcher [illegible] ein Ergebnis ein anderes tangiert.

Beispiel:

Chancen	o11/x21 (Durch Spiritualität zum Erfolg)
Liebe	o11/x15 (Durch Spiritualität wirken)

Dieses Ergebnis sagt, daß zum untersuchten Zeitpunkt Spiritualität eine Erfolgstendenz aufweist und eingesetzt werden könnte, um für einen geliebten Menschen etwas zu bewirken, so daß der sogenannte eigene Erfolg dem anderen nützt.

Vertikal-Analyse

Von oben nach unten gelesen lassen sich zeilenweise die miteinander verbundenen Kriterien ermitteln.

— Ist eine Spalte leer, so wirkt der Zeit-Faktor, der am Kopf der Spalte abzulesen ist, neutral oder latent
— Ist nur eine Eintragung in der Spalte, so wirkt der betreffende Zeit-Faktor in seinem Kriterienbereich verstärkt, dagegen in allen anderen neutral oder latent; bei Kennzeichnung durch ⊗ ist eine Konzentration auf das betreffende Kriterium vorhanden.
— Sind mehrere Eintragungen in einer Spalte, so läßt sich vertikal ablesen, welche Kriterien miteinander verbunden sind und in welchem Zusammenhang sie somit wirksam werden können.
(Übersichtlicher werden die Zusammenhänge, wenn eine senkrechte (am besten farbige) Linie alle zusammengehörenden Faktoren miteinander verbindet).

Beispiel:
11/Spiritualität
in den Kriterien

x Grundtendenz
x Chancen
o Berufsverhalten
⊗ Vertragsabschlüsse
x Finanzen

Dieses Ergebnis sagt, daß zum untersuchten Zeitpunkt Spiritualität als Grundtendenz vorherrscht, die als Chance innerhalb der Berufsausübung genutzt werden kann, vorzugsweise in vertraglichen Angelegenheiten, die sich finanziell positiv auswirken sollen.
(Für einen Autoren esoterischer Bücher z. B. ist dies die ideale Konstellation, einen neuen Verlagsvertrag zu unterzeichnen).

Interpretationsvarianten
vgl. Seite 178/179 „Stichwort-Lesen" und „Labyrinth-Lesen".

Ihr persönliches Tages-Diagramm
TAGES-TENDENZEN*)

Horizontal-Analyse

	SÄEN											ERNTEN										
	1	2	3	4	5	6	7	8	9	10	11	12	13	14	15	16	17	18	19	20	21	22
Grundtendenz																						
Motivation																						
Pflichten																						
Interessen																						
Chancen																						
Studien																						
Berufsverhalten																						
Vertragsabschlüsse																						
Amtl./Behördliches																						
Finanzen																						
Unabhängigkeit																						
Nächsten-Liebe																						
Partnerschaft																						
Situationsformel																						

Ihr persönliches Tages-Diagramm
TAGES-TENDENZEN*)

Vertikal-Analyse

	SÄEN											ERNTEN										
	1	2	3	4	5	6	7	8	9	10	11	12	13	14	15	16	17	18	19	20	21	22
Grundtendenz																						
Motivation																						
Pflichten																						
Interessen																						
Chancen																						
Studien																						
Berufsverhalten																						
Vertragsabschlüsse																						
Amtl./Behördliches																						
Finanzen																						
Unabhängigkeit																						
Nächsten-Liebe																						
Partnerschaft																						
Situationsformel																						

*) Alle Ergebnisse werden im Diagramm am Schnittpunkt von Stichwort und Zahl eingetragen. Zahlenwerte über 22 werden auf ihre Quersumme reduziert.

- der *Q-Faktor* (Auslöse-/Einflußfaktor) wird durch einen *Kreis* (0) gekennzeichnet,
- das *Ergebnis* wird mit einem *Kreuz* eingetragen.
- Ist *kein Q-Faktor* vorhanden, wird *lediglich* das *Ergebnis angekreuzt.*
- Sind *Q-Faktor und Ergebnis identisch,* wird *in* den zuerst eingetragenen *Kreis ein Kreuz* eingezeichnet (⊗).

Lesen:

Horizontal, also von links nach rechts gelesen, ergibt sich eine Übersicht, wodurch (Q-Faktor) welche Ergebnisse zu erreichen oder zu erwarten sind.

Vertikal, also von oben nach unten gelesen, erhalten Sie einen Überblick, welche Bereiche durch gleiche Konstellation miteinander verbunden sind, und wo ggf. eine Hemmung vorliegt oder eine Änderung zu erwarten ist.

Ihr persönliches Monats-Diagramm
MONATS-TENDENZEN*)

Horizontal-Analyse

	SÄEN											ERNTEN										
	1	2	3	4	5	6	7	8	9	10	11	12	13	14	15	16	17	18	19	20	21	22
Grundtendenz																						
Motivation																						
Pflichten																						
Interessen																						
Chancen																						
Studien																						
Berufsverhalten																						
Vertragsabschlüsse																						
Amtl./Behördliches																						
Finanzen																						
Unabhängigkeit																						
Nächsten-Liebe																						
Partnerschaft																						
Situationsformel																						

Ihr persönliches Monats-Diagramm
MONATS-TENDENZEN*)

Vertikal-Analyse

	SÄEN											ERNTEN										
	1	2	3	4	5	6	7	8	9	10	11	12	13	14	15	16	17	18	19	20	21	22
Grundtendenz																						
Motivation																						
Pflichten																						
Interessen																						
Chancen																						
Studien																						
Berufsverhalten																						
Vertragsabschlüsse																						
Amtl./Behördliches																						
Finanzen																						
Unabhängigkeit																						
Nächsten-Liebe																						
Partnerschaft																						
Situationsformel																						

*) Alle Ergebnisse werden im Diagramm am Schnittpunkt von Stichwort und Zahl eingetragen. Zahlenwerte über 22 werden auf ihre Quersumme reduziert.

— der *Q-Faktor* (Auslöse-/Einflußfaktor) wird durch einen *Kreis* (0) gekennzeichnet,
— das *Ergebnis* wird mit einem *Kreuz* eingetragen.
— Ist *kein Q-Faktor* vorhanden, wird *lediglich* das *Ergebnis angekreuzt.*
— Sind *Q-Faktor und Ergebnis identisch,* wird *in* den zuerst eingetragenen *Kreis ein Kreuz* eingezeichnet (⊗).

Lesen:

Horizontal; also von links nach rechts gelesen, ergibt sich eine Übersicht, wodurch (Q-Faktor) welche Ergebnisse zu erreichen oder zu erwarten sind.
Vertikal, also von oben nach unten gelesen, erhalten Sie einen Überblick, welche Bereiche durch gleiche Konstellation miteinander verbunden sind, und wo ggf. eine Hemmung vorliegt oder eine Änderung zu erwarten ist.

Ihr persönliches Jahres-Diagramm
JAHRES-TENDENZEN*)

Horizontal-Analyse

	SÄEN											ERNTEN										
	1	2	3	4	5	6	7	8	9	10	11	12	13	14	15	16	17	18	19	20	21	22
Grundtendenz																						
Motivation																						
Pflichten																						
Interessen																						
Chancen																						
Studien																						
Berufsverhalten																						
Vertragsabschlüsse																						
Amtl./Behördliches																						
Finanzen																						
Unabhängigkeit																						
Nächsten-Liebe																						
Partnerschaft																						
Situationsformel																						

Ihr persönliches Jahres-Diagramm
JAHRES-TENDENZEN*)

Vertikal-Analyse

	SÄEN											ERNTEN										
	1	2	3	4	5	6	7	8	9	10	11	12	13	14	15	16	17	18	19	20	21	22
Grundtendenz																						
Motivation																						
Pflichten																						
Interessen																						
Chancen																						
Studien																						
Berufsverhalten																						
Vertragsabschlüsse																						
Amtl./Behördliches																						
Finanzen																						
Unabhängigkeit																						
Nächsten-Liebe																						
Partnerschaft																						
Situationsformel																						

*) Alle Ergebnisse werden im Diagramm am Schnittpunkt von Stichwort und Zahl eingetragen. Zahlenwerte über 22 werden auf ihre Quersumme reduziert.

— der *Q-Faktor* (Auslöse-/Einflußfaktor) wird durch einen *Kreis* (0) gekennzeichnet,
— das *Ergebnis* wird mit einem *Kreuz* eingetragen.
— Ist *kein Q-Faktor* vorhanden, wird *lediglich* das *Ergebnis angekreuzt.*
— Sind *Q-Faktor und Ergebnis identisch,* wird *in* den zuerst eingetragenen *Kreis ein Kreuz* eingezeichnet (⊗).

Lesen:

Horizontal, also von links nach rechts gelesen, ergibt sich eine Übersicht, wodurch (Q-Faktor) welche Ergebnisse zu erreichen oder zu erwarten sind.
Vertikal, also von oben nach unten gelesen, erhalten Sie einen Überblick, welche Bereiche durch gleiche Konstellation miteinander verbunden sind, und wo ggf. einc Hemmung vorliegt oder eine Änderung zu erwarten ist.

Nachweis der Kabbalistischen Definitionen

Fast alle Prognosekriterien sind als Karma-Faktoren kabbalistisch definiert und können im betreffenden Kapitel, andernfalls in einem Kapitel mit verwandter Definition (s. u.) nachgelesen werden.

Prognosekriterium	**vgl. Kabbalistische Definitionen Kapitel**	**ab Seite**	**Spalte (Q = 1., E = 2.)**
Grundtendenz	Denken/ Handeln/ Naturell	73/ 74	Q-Faktor und Ergebnis werden nacheinander in der hier nur 1 Spalte betragenden Definition gelesen.
Motivation	Wurzel und Wollen	46/ 47	wie oben
Pflichten	Pflichten	100/ 101	Q + E
Interessen Chancen Studien Berufsverhalten Vertragsabschlüsse Amtliches/ Behördliches Finanzen Unabhängigkeit	Beruf	130-131	Q Q-Faktor und Ergebnis werden nacheinander in der Q-Spalte gelesen
Liebe	Partnerschaft	116/ 117	Q + E

Prognosekriterium	**vgl. Kabbalistische Definitionen Kapitel**	**ab Seite**	**Spalte (Q = 1., E = 2.)**
Partnerschaft	Partnerschaft	116/117	Q + E
Situationsformel	Lebensentwicklung/ Lebensformel	142/143	Q + E
Säen und Ernten	vgl. S. 34/35.		

Teil 3
ANHANG

Verzeichnis aller Koeffizienten

ALLGEMEIN	Pflichten	61
PARTNERSCHAFT	Bindungstendenz	18
	Nächsten-Liebe	34
BERUF	Interessen	38
	Studien	69
	Beruf(ung)	50
	Berufsverhalten	47
	Chancen/Aufstieg	73
	Finanzen/Materie	63
	Unabhängigkeit	137
	Vertragsabschlüsse	64
	Amtliches/Behördliches	107
ENTWICKLUNG	Kindheit	90
	Jugend	88
	Reifejahre	65
	Alter	64
LEBENSFORMEL	Lebensformel	46
	Situationsformel	46

Zusammenfassung der Kabbalistischen Definitionen

1 Willensbehauptung, Energie, Kraft, Aktion, Initiative, Engagement, Orientierung, Prinzipien, Konzentration, Eigenverantwortung, Autorität

2 Wissen, Intelligenz, Intellekt, Talent, Kreativität, Studien, Theorie, Bewußtseinsentwicklung, Wissensdrang

3 Gemeinschaft, Gemeinsamkeiten, Kommunikation, Verständigung, Hilfsbereitschaft, Freundschaft, Kooperation, Integration, Vermittlung/Intervention, Frieden, Vernunft, Soziales Engagement, Extrovertiertheit

4 Arbeit, Handlung, Tat, voreiliges Handeln, Spontaneität, Impuls (ivität), Fleiß, Systematik, Umsicht, Pragmatismus, Expansion, Geltungsdrang/Geltungsbewußtsein, Entscheidung, Öffentlichkeit

5 Religio(n), Dienen, Helfen/Hilfe, Heilendes, Heilsames, Kosmischer Einfluß, Sensibilität, Feingeistigkeit, Subtilität, Edelmut, Großzügigkeit, Stil, Charakter, Niveau, Geradlinigkeit, Korrektheit, Integrität, Herkunft, Unerforschliches, Unerklärliches, Sinn des Lebens, Liebe
Bei Partnerschaften: Probleme

6 Prüfung, Kritik, Forschung, Analyse, Interesse, Neugier, Entdeckung, Erfindung, Aufklärung, Sexualität
Bei Partnerschaften: Prüfung(en), die Notwendigkeit, Achtung füreinander zu entwickeln

7 Überwindung, Selbstüberwindung, Beherrschung, Zähigkeit, Durchstehvermögen, Überlegenheit, Souveränität, Überlegung, Strategie, Verzeihen, Lob, Sieg, Gewinn/e/n

8 Kosmische Ordnung, Recht, Gerechtigkeit, Gesetz, Ordnung, Rechtschaffenheit, Präzision, Konstruktivität, Fairneß, Integrität, inneres Gleichgewicht, Gesundheit

Bei Partnerschaften: Verbindung in/nach kosmischer Ordnung

9 Philosophie, Nachdenklichkeit, Herzensbildung, Lebensklugheit, Weisheit, Takt/Taktik, Diplomatie, Kultur, Bildung, Göttliche Fügung, manchmal: Nein-Antworten
Bei Partnerschaften: Intrigen

10 Änderung, Veränderung, Wechsel, Aufbruch, Umbruch, Umsturz, Revolution, Innovation, Neues, Reform, Übergang/Übergangslösung, Nebensache/Nebenbeschäftigung, Abgrenzung, Trend/Trendbestimmung, Flexibilität, Unbeständigkeit, Launenhaftigkeit, Loslösung, Reisen, Unabhängigkeit
Bei Partnerschaften: Trennung oder Neubeginn

11 Spiritualität, Esoterik, Parapsychologie, Grenzwissen(schaften), Sensitivität, Intuition, Erkenntnis, Medialität, Beeinflußbarkeit, Kunst/Künstler
Bei Partnerschaften: Mißverständnisse, Irrtümer

12 Karmische Aufgabe, Geben, Hingabe, Demut, Opfer, Aufopferung, Pflichterfüllung, Bescheidenheit, Unterordnung, Verlust, Verzicht, Dienst am Nächsten, Verantwortung, Treue
Bei Partnerschaften: ideale Übereinstimmung

13 Höheres Wissen, Persönlichkeitstransformation, Umwandlung/Verwandlung, Alchemie, Abschied, Tod, Krise, Zerstörung, Wiederaufbau, Neuorientierung, Neubeginn, Mystik, Geheimnisse, Okkultismus
Bei Partnerschaften: Sublimierung der Beziehungen oder Trennung

14 Disziplin, Verständnis, Kampf, Pioniergeist/Pionierarbeit, Zuverlässigkeit, Vorbild/Vorbildlichkeit

15 Einfluß, Beeinflussung, Ausstrahlung, Anziehungskraft/Persönlicher Magnetismus, Charme, Wirkung, Kompetenz, Macht

16 Schwierigkeiten, Probleme, Hindernisse, Chaos, Katastrophen, Leid, seelische Belastung, Extremsituationen, Lernprozeß, Einweihungsweg

17 Wahrheit/Wahrhaftigkeit/Aufrichtigkeit, Glaube, Hoffnung, Idealismus, Wärme, Herzlichkeit, Mitgefühl, Mitleid, Güte, Gutmütigkeit, Nächstenliebe, Beistand aus der geistigen Welt

18 Unrichtiges, Lüge, Verleumdung, Rufmord, Unrecht, Ungerechtigkeit, Dummheit, Einfältigkeit, Egoismus, Nihilismus, Nonkonformismus, Kriminalität, Sucht, Verfolgung, Destruktivität, Unordnung, Unfallneigung, Krankheit, Gefahr
Bei Partnerschaften: keine Übereinstimmung, Gefahr durch/für die Partnerschaft

19 Harmonie, Zufriedenheit, Glück, Freude, Liebenswürdigkeit, Liebenswertes, Nächstenliebe, Positives, Humor, Positives Denken

20 Wiedergeburt eines Geistes mit besonderer Erdenmission, karmische Wiederbegegnungen, Schlüsselerlebnisse, Déjà-vú-Erlebnisse, geistige Orientierung, geistiger Fortschritt

21 Chancen, Aufstieg, Karriere, Erfolg, Fortschritt, Resonanz, Ansehen, Ehre, Prominenz, Ruhm

22 Astralwirken, Ätherisches, Flüchtigkeit, Träume, Visionen, Außersinnliche Wahrnehmung, Nostradamismus, Genialität, meist hohe Berufung im Leben.
Vorsicht vor Illusionen, Fehlschlägen, Täuschungen und Selbsttäuschungen, da eine außergewöhnliche Phantasie besteht.

Diagramme für Dritte

Sämtliche Diagramme sind im Anschluß noch je einmal abgebildet, so daß Sie die Möglichkeit haben, die Kabbalistischen Definitionen auch für einen anderen Menschen auszuarbeiten. Wenn Sie die Diagramme vorher fotokopieren, können Sie sogar beliebig viele Personen kabbalisieren.

Ruf-Diagramm

	Eigenschaft	Intensität	Anwendung
A/Ä (1)			
E (5)			
I (10)			
O/Ö (16)			
U/Ü (6)			
Ruf insgesamt:			

Namens-Diagramm

		1x	2x	3x	4x	Einzel- wert	Gesamt- wert	vgl. Zahl
A, Ä	1							
B	2							
G	3							
D	4							
E	5							
U, Ü, V, W	6							
Z	7							
H, CH	8							
T	9							
I, J, Y	10							
C, K	11							
L	12							
M	13							
N	14							
X	15							
O, Ö	16							
F, P, PH	17							
SCH, SH, TS, TZ	18							
Q	19							
R	20							
S	21							
TH	22							
		Gesamtsumme					=	= Q

Wunsch-Diagramm

	Wünsche Hoffen	Intensität	Verwirklichung	
			in 1-22	vgl. Zahl
B 2				
C 11				
D 4				
F 17				
G 3				
H, CH 8				
J 10				
K 11				
L 12				
M 13				
N 14				
P, PH 17				
Q 19				
R 20				
S 21				
SCH, SH 18				
T 9				
TH 22				
TS, TZ 18				
V 6				
W 6				
X 15				
Y 10				
Z 7				
Summe der Wünsche:		→	=	

Partner-Diagramm

Horizontal-Analyse

	SÄEN											ERNTEN										
	1	2	3	4	5	6	7	8	9	10	11	12	13	14	15	16	17	18	19	20	21	22
Ziel																						
Pflichten																						
Bindungstendenz																						
Wollen																						
Wesenskern																						
Denken																						
Handeln																						
Ruf																						
Wünsche/Hoffn.																						

Partner-Diagramm

Vertikal-Analyse

	SÄEN											ERNTEN										
	1	2	3	4	5	6	7	8	9	10	11	12	13	14	15	16	17	18	19	20	21	22
Ziel																						
Pflichten																						
Bindungstendenz																						
Wollen																						
Wesenskern																						
Denken																						
Handeln																						
Ruf																						
Wünsche/Hoffn.																						

Berufs-Diagramm

Horizontal-Analyse

	SÄEN											ERNTEN										
	1	2	3	4	5	6	7	8	9	10	11	12	13	14	15	16	17	18	19	20	21	22
Interessen																						
Studiengebiete																						
Berufung																						
Berufsverhalten																						
Chancen, Aufstieg																						
Finanzen/Materie																						
Unabhängigkeit																						
Konkreter Beruf																						

Berufs-Diagramm

Vertikal-Analyse

	SÄEN											ERNTEN										
	1	2	3	4	5	6	7	8	9	10	11	12	13	14	15	16	17	18	19	20	21	22
Interessen																						
Studiengebiete																						
Berufung																						
Berufsverhalten																						
Chancen, Aufstieg																						
Finanzen/Materie																						
Unabhängigkeit																						
Konkreter Beruf																						

Entwicklungs-Diagramm

Horizontal-Analyse

	SÄEN											ERNTEN										
	1	2	3	4	5	6	7	8	9	10	11	12	13	14	15	16	17	18	19	20	21	22
Kindheit																						
Jugend																						
Reifejahre																						
Alter																						
LEBENSFORMEL																						

Entwicklungs-Diagramm

Vertikal-Analyse

	SÄEN											ERNTEN										
	1	2	3	4	5	6	7	8	9	10	11	12	13	14	15	16	17	18	19	20	21	22
Kindheit																						
Jugend																						
Reifejahre																						
Alter																						
LEBENSFORMEL																						

Karmagramm

Horizontal-Analyse

		SÄEN											ERNTEN										
		1	2	3	4	5	6	7	8	9	10	11	12	13	14	15	16	17	18	19	20	21	22
Anlagen Struktur	Wurzel u. Wollen																						
	Lebensziel																						
	Lebensweg																						
	Wesenskern																						
	Denken																						
	Handeln																						
	Naturell																						
	Ruf																						
	Wünsche, Hoffen																						
	Pflichten																						
Partner-schaft	Partnerschaftsziel																						
	Bindungstendenz																						
Berufs-aus-sichten	Interessen																						
	Studien																						
	Beruf(ung)																						
	Berufsverhalten																						
	Chancen, Aufstieg																						
	Finanzen/Materie																						
	Unabhängigkeit																						
Lebens-Ent-wicklung	Kindheit																						
	Jugend																						
	Reifejahre																						
	Alter																						
	LEBENSFORMEL																						

Karmagramm

Vertikal-Analyse

		SÄEN											ERNTEN										
		1	2	3	4	5	6	7	8	9	10	11	12	13	14	15	16	17	18	19	20	21	22
Anlagen Struktur	Wurzel u. Wollen																						
	Lebensziel																						
	Lebensweg																						
	Wesenskern																						
	Denken																						
	Handeln																						
	Naturell																						
	Ruf																						
	Wünsche, Hoffen																						
	Pflichten																						
Partner-schaft	Partnerschaftsziel																						
	Bindungstendenz																						
Berufs-aus-sichten	Interessen																						
	Studien																						
	Beruf(ung)																						
	Berufsverhalten																						
	Chancen, Aufstieg																						
	Finanzen/Materie																						
	Unabhängigkeit																						
Lebens-Ent-wicklung	Kindheit																						
	Jugend																						
	Reifejahre																						
	Alter																						
	LEBENSFORMEL																						

TAGES-TENDENZEN

Horizontal-Analyse

	SÄEN											ERNTEN										
	1	2	3	4	5	6	7	8	9	10	11	12	13	14	15	16	17	18	19	20	21	22
Grundtendenz																						
Motivation																						
Pflichten																						
Interessen																						
Chancen																						
Studien																						
Berufsverhalten																						
Vertragsabschlüsse																						
Amtl./Behördliches																						
Finanzen																						
Unabhängigkeit																						
Nächsten-Liebe																						
Partnerschaft																						
Situationsformel																						

TAGES-TENDENZEN

Vertikal-Analyse

	SÄEN											ERNTEN										
	1	2	3	4	5	6	7	8	9	10	11	12	13	14	15	16	17	18	19	20	21	22
Grundtendenz																						
Motivation																						
Pflichten																						
Interessen																						
Chancen																						
Studien																						
Berufsverhalten																						
Vertragsabschlüsse																						
Amtl./Behördliches																						
Finanzen																						
Unabhängigkeit																						
Nächsten-Liebe																						
Partnerschaft																						
Situationsformel																						

MONATS-TENDENZEN

Horizontal-Analyse

	SÄEN											ERNTEN										
	1	2	3	4	5	6	7	8	9	10	11	12	13	14	15	16	17	18	19	20	21	22
Grundtendenz																						
Motivation																						
Pflichten																						
Interessen																						
Chancen																						
Studien																						
Berufsverhalten																						
Vertragsabschlüsse																						
Amtl./Behördliches																						
Finanzen																						
Unabhängigkeit																						
Nächsten-Liebe																						
Partnerschaft																						
Situationsformel																						

MONATS-TENDENZEN

Vertikal-Analyse

	SÄEN											ERNTEN										
	1	2	3	4	5	6	7	8	9	10	11	12	13	14	15	16	17	18	19	20	21	22
Grundtendenz																						
Motivation																						
Pflichten																						
Interessen																						
Chancen																						
Studien																						
Berufsverhalten																						
Vertragsabschlüsse																						
Amtl./Behördliches																						
Finanzen																						
Unabhängigkeit																						
Nächsten-Liebe																						
Partnerschaft																						
Situationsformel																						

JAHRES-TENDENZEN

Horizontal-Analyse

	SÄEN											ERNTEN										
	1	2	3	4	5	6	7	8	9	10	11	12	13	14	15	16	17	18	19	20	21	22
Grundtendenz																						
Motivation																						
Pflichten																						
Interessen																						
Chancen																						
Studien																						
Berufsverhalten																						
Vertragsabschlüsse																						
Amtl./Behördliches																						
Finanzen																						
Unabhängigkeit																						
Nächsten-Liebe																						
Partnerschaft																						
Situationsformel																						

JAHRES-TENDENZEN

Vertikal-Analyse

	SÄEN											ERNTEN										
	1	2	3	4	5	6	7	8	9	10	11	12	13	14	15	16	17	18	19	20	21	22
Grundtendenz																						
Motivation																						
Pflichten																						
Interessen																						
Chancen																						
Studien																						
Berufsverhalten																						
Vertragsabschlüsse																						
Amtl./Behördliches																						
Finanzen																						
Unabhängigkeit																						
Nächsten-Liebe																						
Partnerschaft																						
Situationsformel																						

ANMERKUNGEN

1) Die Bibel. Mit Wortkonkordanz zur Lutherübersetzung; Stuttgart, 1987
2) Meyers Großes Taschenlexikon, Bd. 21; Mannheim, 1981
3) Reichstein, Praktisches Lehrbuch der Kabbala; Berlin 1961
4) s. o.
5) s. o.
6) Hoefler/Atti, Reinkarnationsforschung mit dem Pendel; Haldenwang, 1987 (Kap. 8, Karma-Kurzdeutungen)
7) Hoefler, I Ging Ratgeber; Haldenwang, 1987 (vgl. Teil III, Die Kognition, I Ging und Kabbala als Erkenntnissymbionten, Trigramm-Kognition/Nationale und internationale Bedeutung im Vergleich)
8) Schmidt-Joos/Graves, Rock-Lexikon; Reinbek, 1975
9) Steiner, Die Offenbarungen des Karma; Dornach/Schweiz, 1976
10) s. o.
11) Miers, Lexikon des Geheimwissens; Freiburg, 1980
12) Handbuch Esoterik; München, 1987
13) dtv Brockhaus Lexikon, Bd. 17; Mannheim, 1986
14) Rudolf Steiner Nachlaßverwaltung, Dornach/Schweiz; (Der Autorin im Juni 1988 telefonisch erteilte Auskunft)
15) Das Neue Fischer-Lexikon, Bd. 8; München, 1981
16) Meyers Großes Taschenlexikon, Bde. 19, 24; Mannheim, 1981
17) Herzfeld (Hrsg.), Geschichte in Gestalten, Ein biographisches Lexikon, Bd. 4; Frankfurt, 1981
18) Hoefler, I Ching — New Systems, Methods and Revelations; Wilmot/USA, 1988 (vgl. S. 48, How did Norma Jean die? /Tages-Tendenzen am Sterbetag von Marilyn Monroe)
19) s.o. (vgl. S. 47, Event Hexagram and Influence Hexagram of Historical Dates/Tages-Tendenzen bei Untergang der Titanic)

Alphabetzahlen- und Daten-Schlüssel auf Lesezeichen

Bitte ausschneiden, auf einen leichten Karton kleben und als Lesezeichen/Orientierungshilfe benutzen.

Alphabetzahlen-Schlüssel

A, Ä	1	A, Ä	1
B	2	B	2
G	3	C	11
D	4	D	4
E	5	E	5
U, Ü, V, W	6	F	17
Z	7	G	3
H, CH	8	H, CH	8
T	9	I, J	10
I, J, Y	10	K	11
C, K	11	L	12
L	12	M	13
M	13	N	14
N	14	O, Ö	16
X	15	P, PH	17
O, Ö	16	Q	19
F, P, PH	17	R	20
SCH, SH, TS, TZ	18	S	21
Q	19	SCH, SH	18
R	20	T	9
S	21	TH	22
TH	22	TS, TZ	18
		U, Ü, V, W	6
		X	15
		Y	10
		Z	7

Daten-Schlüssel

Datum	1.	2.	3.	4.	5.	6.	7.	8.	9.
	10.	11.	12.	13.	14.	15.	16.	17.	18.
	19.	20.	21.	22.	23.	24.	25.	26.	27.
	28.	29.	30.	31.					
ist	1	2	3	4	5	6	7	8	9

Die Autorin

Angelika Hoefler ist Mitbegründerin des weltweit ersten und einzigen Systems der Reinkarnationsforschung mit dem Pendel.*
Mit großem Erfolg wagte sie außerdem eine Symbiose zwischen I Ging und Zahlenkabbalistik, was eine völlig neue Anwendung des I Ging ermöglicht.**
Doch ihre zentrale Aufgabe sieht die Autorin in der Karmaforschung und damit auch in der von ihr weiterentwickelten Zahlenkabbalistik, mit der sie die Karma-Kabbalistik begründete.

Angelika Hoefler, deren Bücher in zwölf Ländern gelesen werden, erhält zahlreiche Einladungen zu Vorträgen, Seminaren und anderen esoterischen Veranstaltungen im In- und Ausland, denen sie folgt, soweit sie neben ihrer schriftstellerischen und beratenden Tätigkeit Zeit dazu findet.

---

*) Hoefler/Atti, Reinkarnationsforschung mit dem Pendel; Windpferd, Reihe Schangrila, 2. Aufl. 1989

**) Hoefler, I Ging Ratgeber; Windpferd, Reihe Schangrila, 1987

Angelika Hoefler
I Ging Ratgeber
Leit-Linien für alle Handlungen und Wandlungen des Lebens

I Ging als Weg-Weiser, der alle Lebenspfade des Ratsuchenden begleitet und ihn belehrt, warnt oder ermuntert - in verständlicher, europäisierter Sprache und dabei die einzelnen Lebensbereiche fein unterscheidend. Im zweiten Teil des Buches stellt die Autorin ein weiteres Novum vor: die von ihr entwickelte Symbiose von I Ging und Zahlenkabbalistik, die den Leser leicht und schnell darin perfektioniert, Personen und Situationen richtig zu beurteilen und auch die hinter einem Geschehen wirkenden Einflüsse zu erkennn.

192 Seiten, DM 19,80
ISBN 3-89385-013-9

Angelika Hoefler
und Mario Atti
Reinkarnationsforschung mit dem Pendel
Rückführung in Ihre persönlichen Leben

In diesem systematisch von Detail zu Detail führenden Pendelkarten-Kompendium offenbart sich dem Leser lükkenlos der Weg vom Gestern zum Heute und weiter zum Morgen. Wer waren sie in den vielen Leben vor diesem? Wie oft haben Sie schon gelebt? Welchen Menschen sind Sie in einem früheren Leben schon einmal begegnet, wer waren Sie? Dieses und vieles mehr erfahren Sie in diesem aufschlußreichen Buch.

160 Seiten, DM 19,80
ISBN 3-89385-012-0